高昌陶集

黄文弼 著

应急管理出版社
·北京·

图书在版编目（CIP）数据

　　高昌陶集／黄文弼著. －－北京：应急管理出版社，2024

　　ISBN 978 - 7 - 5237 - 0118 - 8

　　Ⅰ. ①高… Ⅱ. ①黄… Ⅲ. ①高昌（历史地名）—陶器（考古）—研究 Ⅳ. ①K876.34

　　中国国家版本馆 CIP 数据核字（2023）第 233388 号

高昌陶集

著　　者	黄文弼
责任编辑	高红勤
封面设计	主语设计
出版发行	应急管理出版社（北京市朝阳区芍药居 35 号　100029）
电　　话	010 - 84657898（总编室）　010 - 84657880（读者服务部）
网　　址	www.cciph.com.cn
印　　刷	天津中印联印务有限公司
经　　销	全国新华书店
开　　本	787mm × 1092mm¹/₁₆　印张　15　字数　288 千字
版　　次	2024 年 4 月第 1 版　2024 年 4 月第 1 次印刷
社内编号	20231349　　　　　定价　98.00 元

叙　言

　　余于民国十九年春，赴吐鲁番考古，在雅尔崖古坟茔发现墓表百三十余方，及陶器八百余件。余返平后已将墓表影印为《专集》，于二十年秋季出版。但陶器与墓表为同时出土之遗物，相为表里。盖墓表可证高昌之文献，而器物可证高昌之工艺与美术，当时人民之生活况状，亦由此可见也。故余于《专集》出版后，即继续整理陶器。在八百余件陶器中，选其形样不同，颜色鲜明者约百余件，汇为《高昌陶集》。自二十年秋开始编辑，至二十二年春，方始脱稿付印。又适逢严重之国难，外寇侵陵，处于恐怖城中，手握校稿，目瞩飞机，自以为七年精血，将与炮弹以俱去矣。不料尚能许此书出版也。幸何如之！

　　在余此书之前，研究陶器之作者，有安特生氏《甘肃考古记》、阿尔纳氏《河南着色陶器》，然出土地址皆在中国本部。据二氏之研究，认河南仰韶与甘肃所出者同一系，与波斯之苏萨，及俄属之安诺地方所出土者有相似之处，安氏据此以为东方文化，确受有西方文化之影响。后又检查Morgon《波斯调查报告》第八册，所载之遗物，如圆底陶器及铜器之类，确有与中国本土所出者相似。但吾人须知波斯距中国本土隔离甚远，两地文化如何发生关系，当然为需要解答之问题。据安特生氏所述，在西藏高原之北，西伯利亚之南，东自太平洋，西至黑海，其间实不乏交通孔道。又云，中国文明之基础，实肇基于寄居新疆时，渐移至中国本土云云。由前之说，在海道未开以前，东西人文之通往，确由昆仑山之北，天山之南，为其交通孔道，在近今考古学上之发现，可为之证明。但谓中国文明实肇基于新疆，则非吾人所敢赞同。加尔格林氏对此已有相当之申述，吾人亦不复赘。但吾人相信东西文化之推进，确曾经过新疆。新疆如水管，一方为水塔，一方为龙头，水塔之水，必须经过新疆，然后至龙头。故吾人欲研究东西文化之推进，非在新疆寻觅痕迹不可。此为无可怀疑之事也。

　　在三十年前，欧人尚不注意新疆有所谓文化，即中国史书之记载，亦不过记其朝贡与军事而已。近三十年来，因新疆本地人屡有古文字之发现，始引起欧洲人之注意。至光绪二十八年，国际东方学会开会于汉堡，始成立东西探险联盟。于是英、德、法、俄、日本竞派学者赴新考查发掘，多所搜获，如斯坦因氏、奈柯克氏、伯希和氏，皆其成绩之特著者。由其发现之结果，吾人得知新疆在古时人种极为庞杂，其日用语言文字都属于印欧语系，虽其人种与语言是否同一性质，但西方文明，尤其是伊兰文明，及其所乳育之希腊印度混合文明，从此流入，今由其留存新疆之佛教美术，及与同时出土之文字可以解决之也。是故新疆古代文化与西方确已发生关系，已可证明。但新疆逼近中土，据中国古传记所称述，中国在汉唐时期，经营新疆亦极努力。顾中土文化，在新疆之情形如何，据东西学者所发表之结论，除承认中国在新疆于政治、军事有特殊之发展外，不承认中土文明，在新疆有若何影响，近奈柯克氏、羽田亨氏皆持此见解者也。余赴新疆考查时期较晚，窃尝固持一成见，即谓凡一地文明之拓展，皆由两大势力所驱策而发生。一为宗教势力，一为政治与军事势力，盖新疆自汉至唐其宗教皆为印度佛教势力所支配，其由佛教所发生之文明，如文字、语言、美术等等，当然受佛教之影响。但中国汉唐时代于新疆政治上、军事上亦握有极大之威权，而谓其由此所发生之文明，毫无可取，则吾人亦不能认为满意。除由军事方面所发生之文明，俟另文论述外，盖由政治势力所发展之农垦事业，其附带之经济、工艺等事亦有为吾人所不可漠视者也。

试思当汉人势力未至西域以前，新疆完全为游牧人种所统治，如匈奴、乌孙，皆随逐水草，无城郭之居，天山南路诸国，虽居城郭，习于耕种，然人口甚稀。大月氏人西迁一支，亦曾经行南路，谅有所遗留，然大月氏人初亦行国也。是故在张骞未至西域以前，新疆农业并不发达。及至汉通西域以后，大施屯垦之制，如高昌（吐鲁番）、柳中（鲁克沁）、楼兰（罗布淖尔）皆为汉人屯垦之所，而渠犁、轮台尝有田卒数百人，而库车、莎车、和阗亦有汉人屯垦之区，以中国《汉书》所记载，及余于民国十七、十八两年考查时所发现古时之农垦遗迹，可以明其然也。吾人试考查新疆南路之绿洲，即可耕种之地，除去上述之最沃柔土，均有汉人耕种外，其完全为本地人所耕种之地，虽有亦不关重要。是故汉人当时在新疆之农业已占有极重要之地位，而新疆本土之农业遂受汉人之影响，亦极发达，因此则与农业有密切关系之工艺品与货币亦必随之发展，而为汉人所自出，此在经济学原理上已无可怀疑。由吾人考查之经过亦有可为上述之佐证者。余于十七年赴南路考查，在库车沙漠中除拾五铢、开元等制钱外，又拾方孔小钱甚多，即辩机《西域记》中所述焉者、屈支货币所用之小铜钱是也。此类钱币散布于沙漠中极为宽广，每与红色或青色陶片相掺杂，俯拾即是。又余在巴楚古坟中曾掘拾小铜钱一串，有绳索为之连贯，而此钱与西域语文字同在一墓穴中者。由上所述，则中国货币已通行于一般民众，而为农村社会中之重要交易品，而《西域记》中之金银钱则反不多见。次若工艺品，在辩机《西域记》中曾述于阗国未曾有蚕桑，向东国求种子之事，又称于阗工纺绩绝紬，则于阗工艺之发达确受中土之赐，已无可讳言。除此外为人民日常所用必需之物与农业关系最密切者，当以陶器为最重要。余于民国十九年在雅尔崖沟西、沟北古坟中所获得之陶器，共八百余件，即本篇所述者，其沟西部分均有墓表作证明，确为汉人遗留之手迹，在本篇中已有所阐述，但同时散布地表者亦复相似。又于库车、巴楚、和阗之古瓦砾场，类此之陶片颇多，有时杂入西域之小铜钱或黑铁钱，可证中国式之货币与陶器已普遍一般民众，绝不能认为此种陶器，只限于汉人用而本地人不用，因吾人尚未觅得与此类不同式样之陶片，可证明为本地人所制或享用者，因此吾人可说凡与农业有关之货币与工艺品，因受中国实施屯田制之影响，吸收汉化已无可疑也。

综上所述，吾人可得一结论，即新疆文化关于宗教方面，如美术、语言、文字受西方文化最深，凡关于政治方面与农垦有关之货币及工艺品，受东方文化最巨，由吾人历年考查所得，可证明其不误也。除宗教美术俟将来整理刊布外，今为表彰汉人在西域之文明起见，故先刊工艺品之一部，即今所编之《高昌陶集》是也。虽沟北陶器中如彩色单耳瓶，及圆底陶钵，因与波斯出土者多相似，余在陶器研究中曾述有受西方文化之嫌疑。但吾人推其年代均认为纪元前一世纪至三世纪之遗物，则传入新疆较早，是时汉人势力尚未普及新疆，及至汉武通西域后，汉文明西渐，此类器物已显然被其同化或消灭，不然吾人在新疆所见汉以后之古迹，关于圆底器或彩色陶片亦已不多，至隋唐时代之古迹则已绝迹而不一见矣。因此吾人论东西文化，须遍观其全体，深刻检察，方能追其源流，穷其变化，若此则汉文明遗存于新疆之痕迹亦不可埋没也。故余于《陶集》出版后特表而出之。以为序。

又余编纂此书，经时两载，虽于万方多难、身心交困之时，尤复手校笔削，毁版十余，删改七八次，如名类之订比，图样之规划，苦心焦思以求一当，幸得粗告完成。余自庆幸，但个人能力有限，幸得多方之帮助，同人之努力，方得以有成功。今当出版之始，谨一一表白，以申谢悃。如徐炳昶先生、袁复礼先生，当余在新考查时帮余料理并指导一切，使余得专心在外工作。返平后，又由刘复先生主持一切，助余实多，而此书之摄影、印刷诸事多承指示。故余对三先生敬致深谢。余之原稿编成后，又承周肇祥先生、李济先生、徐鸿宝先生审阅一遍，周先生指正文理，李先生及袁复礼先生指正墓室图，徐先生指正定名，均此致谢。又胡适先生、马衡先生、陆和九先生，及法国伯希和先生均时相咨询，启瞶发蒙之处甚多也。又丁道衡先生与余同处一室，亦多匡正。而此书之编纂，承张寅君为余校录，荆林君绘画各种器物图，梁荣秀君清绘地形图及各种工作图，白万玉君修理破损陶器，皆多具劳绩。至于主持指导工作之进行，属文述事，编排设计，及一切最后之决定，余愿独任其责，不欲使相助者代予受过也。

又余藏书不多，有所参考皆自外借来，供给余书籍之最多者，为北平图书馆关于英、德文之图书，清华大学校关于法文书，及钱稻孙先生所藏之日本文书，余之编纂此书，借镜于此数处之图书者甚多，而袁馆长、梅校长、钱先生均能特别优待，宽予时限，尤为深感。又瑞典斯文·赫定先生赠余德文书数部作参考，亦一并致谢。

又本团承文化基金董事会每年协助款项，整理研究所得之采集品，而此书之出版费，亦由乙组协款中支出，特此志谢。又承北京大学帮助余之生活费，使余得专心作研究工作，亦均致感谢之忱。

民国二十二年九月

黄文弼序于北平

述　例

一、本书分上下两篇。上篇分为三项。（一）发掘报告书，叙述工作古坟情形。以坟茔为经，日程为纬。个人之探检工作，亦一并叙入。末附古冢遗物分茔表，分别陶器与墓表出土之各坟茔，并注明墓表所署之年代，以定陶器之年代，为最有意义之工作也。（二）古冢中《遗物说明》。按下篇图版次序，分沟北及沟西、沟南两部，解说遗物之形式、花纹、色彩。复于每类之末，并参考记载，说明其效用。（三）陶器之研究。其方法亦分为二期，即沟北期与沟西期。沟北注重年代之考订，沟西并详论其形式、花纹，作一有系统之研究，而为《遗物说明》之结论。

二、报告书之后，又附地图四幅。（一）古址分布图。（二）形势图。（三）古城图。（四）古坟茔图。及坟茔写生。所以表示工作区所在之地，及已工作与未工作情形。又附各茔墓室图，以表示墓室形状，及遗物在墓中陈列之形式。除古址分布图为参照斯坦因氏所制编译，并填注考查路线及发现之古址外，余均系当地实测，归后另行整理清绘者，因与报告书相为表里，故附于其后。

三、在上篇文内，其称引中外书籍，均注明原书卷页，以备寻检，概无插图。若有拓片古物，非一般人所能见者，则附插图以备稽考。惟有时记述余个人考查所获以作例证者，因所有采集品及工作图，尚在整理中，未能即时插入，俟将来再版时补入。

四、下篇全为图版[1]，就八百余件陶器中，择选花纹鲜明、形式不同者，约百数十件，影印制版。又因出土地域不同，分为沟西、沟北两部，各为类别。沟北分三类。一瓶、二钵、三把杯，计二十图。沟西及沟南分十四类。一盆、二甑、三瓮、四瓶、五壶、六罍、七瓿、八盂、九碗、十杯、十一盘、十二碟、十三豆、十四镫，计一百一十图。每图下注明图版号数，并附登记号数以备检查。又载明器物出土地点与尺寸（均用米达尺，以糎为单位）。有墓表同时出土者，亦注明墓表上所署之

---

[1]　本次再版，调整了图版位置，将图版置于相应章节后，以方便对应查找。——编者注

年代，另行填注于每图之下。

五、本篇以陶器为主，但同时出土，除陶器之外，尚有铜、骨诸器，均列入附录，以严体例。亦有为雅尔崖古城中出土，或哈拉和卓古坟中出土者，亦择录少许为研究者之参考，并注附字以示分别。

六、其有陶器花纹特别，或影印不显者，另作写形图或着色，以表现器物之花纹色彩。又作剖面图，表示器之厚薄，并上或列于原器之后，或合并列于一类之末。其有陶器四周之花纹，用摄影术未能全部显露者，则附展面图于原器之后，如兽形足盆纹样展面是也。

附录本书称引要著列下：

Morgan: *Delegation en Perse Memoires*（IIIV）

M. A. Stein: *Innermost Asia*

M. A. Stein: *Buins of Desert Cathay*

V. L. Coq: *Anf Hellas Shuren in Ost-turkistian*

《瑞典石器时代之着色陶器》　瑞典阿尔纳著（本篇引作阿恩）

《甘肃考古记》　瑞典安特生著

《乐浪》　日本原田淑人等编

《貔子窝》　东方考古学会

《巴克脱利亚历史》　日本考古杂志

《塞民族考》　白鸟库吉（《东洋学报》）

《小屯与仰韶》　李济（《安阳报告》第二期）

《宣和博古图》　宋王黼等撰

《考古图》　宋吕大防撰

《三礼图》　宋聂崇义撰

《西清古鉴》　清乾隆四年敕撰

《天工开物》　明宋应星撰

按以上各书，为本篇所称引，或曾参阅之要籍，故均列举其名，并注明作者或出版地，以备复检。若通行之《周礼》《仪礼》《尔雅》《说文》，及史传、杂纂、类书等等，均为一般人所习知，随文附注，不另骈列。

目　录

一　雅尔崖古坟茔发掘报告

二　雅尔崖古冢中遗物图说

三　雅尔崖古冢中陶器之研究

图版目录

甲　沟北

乙 沟西及沟南

雅尔崖古坟茔发掘报告

余在第一分本中，曾述及雅尔湖村庄西，有一古城，即高昌有国时之交河城（插第三图）。因古有两河绕城，故名交河。当时河水甚大，人民居于城中。后河水干涸，此城遂废，空余数道甚深之河床，悬崖峭壁，颓垣满野。故此城又名为雅尔和图，今通名为雅尔崖。近数十年来，泉水自戈壁涌出，水复故道。从昔所称为两河绕城者，现已分为四沟（插第二图）。第一、二道沟合流于城北，绕城东、南流。第三道沟，流于城西，至城南端，而与一、二道沟合。四道沟，流于古坟茔之西，沿土子诺克达格东麓至沟口，而与三道沟合流出口。现时雅尔湖居民均散布于头二道沟之东北原，村舍栉比，田园相望，为吐鲁番西之大村庄。沟中虽间有居民，但为少数。沟北与沟西、沟南均为平原，土质坚硬，或面覆黑沙。是为古时死者冥憩之所，因此，古冢累累棋布，即余此次工作之中心地也（插第四图）。今分沟北、沟西、沟南三部分述之。

甲 沟北

余于二月二十七日，着手清理旧城遗迹。在城之中部，大庙之旁，工作本地人曾发现碑额之地，思图再发现其碑铭。四人工作一日，绝无所获。但在土台上掘出破乱经纸，及红底黑花，与蒲纹、印纹及水波纹之陶片。又在城之南部，亦发现同样之陶片与残砖。此事最足引起吾人之迷惑与研究兴趣。盖水波纹与蒲纹陶片，以其他物证明，皆为西纪前后一世纪之故物。而红底黑花，则或较远。但同时拾有唐开元与乾元所制之钱币，则为第九世纪之故物。又在城北部拾蒙文残纸若干，又为十三世纪之故物。故由其古物之分布，吾人可以断定此城有居民，当由西纪前，以至纪元后十四世纪之中期也。

在二十八日之傍晚，余仆人工作古城归来，报告一维民在沟北古墓中掘出一陶器，红底黑花（第一版，第一图）。余喜极，綦购之，审其形制色彩，似为远古之遗物，且可与城中之彩色陶片互证也。

二十九日之清晨，除留一部分仍清理大庙后畏兀儿人之居住地外，另派六人发掘沟北古坟，冀能获得有彩色之陶器。在接近城北之处，由头二道沟之交萦中，显一隆起之三角洲。有低沙梁一道，在此沙梁之左右，有许多井穴鳞比，显长方形。面与地平，非精细审夺其土质，与倾陷迹痕，不能知其为古墓也。间有陷落较深者，则墓中或无所获，盖为前人所盗掘也。其三道沟之西及北各井穴，其不隆起，无标识，皆与此相同，吾始信《易·系辞》云："古之葬者，厚衣之以薪，葬之中野，不封不树。"今由此，而知其然也。

当吾人工作此一带古冢时，虽其表面情态大抵相同，但其井口之大小，及其构造与陈设，亦不尽同，例如沙梁北第一冢（插第七图），井口作长方形，宽一〇〇〇粍，长二〇〇〇粍。死者直卧中间，但尸骨搅动，少遗物可求，只在腰间拾铜兽环一（附录第五图）。沙梁东第二冢（插第八图），亦作长方形，但井口较小，宽八〇〇粍，长一九〇〇粍，有铜片一，置于死者头部左边。第三冢，作梯形，后宽前窄，后宽一〇〇〇粍，前宽五〇〇粍，长约一九〇〇粍。发现石斧一，置于死者腰侧，陶器则置于死者头部右边（插第九图）。又沙梁西第四冢，作长方形，宽一〇〇〇粍，长二一〇〇粍，陶器置于头部后（插第一〇图）。第五冢，作梯形，后窄前宽，后宽九〇〇粍，前宽一一〇〇粍，长二一〇〇粍，陶器均置于头部，及足部之左侧（插第一一图）。最有兴趣者，即其足旁之陶器，在一大浅钵之中，置二小杯，可以表现当时使用陶器之情态，及杯与钵之关系也。以上每穴中均陈死者一人。第六冢，井口略近梯形，后宽一一〇〇粍，前宽一〇〇〇粍，长二四〇〇粍，内陈死者三人，陶器均陈于死者足部。大人则为大器，小人则为小器。盖生时所习用者，死后即如式以殉焉（插第一二图）。余在库车所得古坟中之陶器，其陈列形态，亦与此同。故冥中之用具，当同于生人，为西域人一般之见解也。其第七冢（插第一三图），则墓中构造微异。外面井口，虽作后宽前窄之梯形，但其底边复穿一复穴，较原穴略小，死者直陈于其上。在其身左侧，发现骨矢镞一，以木为干（附录第四图）。第八冢，形式亦与此同（插第一四图）。死者亦位于复穴之上，在其身两旁发现骨签两副，计四枚，系一骨之剖为两半者。剖面尚刻有四方格纹。每副之一端，有半圆形之缺口，显为系绳索皮带之用。身之两侧，各陈一副（附录第二、第三图）。但在此两冢中均未发现陶器。由其墓室之构造，与陈设之情形，与器物，如七、八两冢所指示，显然为另一种民族之特征也。盖吾人观察其墓室与死者遗物，虽未得上述红底黑花之彩色陶器与陶片，但由其粗笨红色陶器，及以骨器殉葬之制，可确定与沟西出土之陶器为两时期，且沟北较沟西之时代为早也。

乙　沟西

在二月十三日，吾等正在工作古城北部，清理畏兀儿人居宅（插第三图），并发掘沟北之古坟时，余带二引导者，探视四周古迹，在三道沟西，即在四道沟之东，发现一狭长大平原，北枕山岗，南抵土子诺克达格沟口，古坟累累若棋布（插第二图），今以墓志所云，其地理情形，由高昌立国至今，历一千四百余年而未尝有所变更也。例如刘土恭墓表云（上略）："卆，（葬）于赤山南原礼也。东则洋洋之水，南及香香遐岸，西有赫赫□□北帝岩岩之岭。"《唐谳墓志》云："葬于交河县城西原礼也。"刘土恭、唐谳二墓，均在今三道沟西、大平原中间。对其所枕之岗言，则为南原。对交河城言，则为西原。赤山即《魏书·高昌传》之赤石山，今名红山。东则洋洋之水，即今三道沟。当时河水甚大，故云洋洋。后已干涸，现有泉水，乃最近时事也。南及香香遐岸，则必为深沟之崖岸。北帝岩岩之岭，即指赤山南麓。综其所言，古与今同。故余取此墓铭，以为此狭长平原地形之说明也。在平原中间，有一大道，经坟地北行，盖野木沁村庄人民至迪化者，为避绕道吐鲁番或托克逊计，即沿土子诺克山入沟口北行，与吐鲁番至迪化大道会，车马人夫，络绎于途中。但旅行之人与幽居地中之死者，未尝有一抵牾，与彼此互相残害之事实发生。故此沉静之数百墓室，历千余年从未被敌人扰乱，而安之若新冢也。

平原之北部，邻近红山，间隆起风蚀土层，形成白色鳞甲，刚坚若石，表覆石子与黑沙。虽高阜拟古冢，倾陷类墓道，然死者仍不以此为乐土，鲜少冥宅。其中部地势渐平，土阜较少。故大部墓宅，均集中于此（插第四图）。绵延而南，抵于沟口。最使余感兴趣者，即每若干冢外，均用石块排设一线作栏，成为一莹。《说文》："莹墓地，从土，营省。"盖营者，币居也。合若干冢为一莹，犹兵营之币居也。类皆方形，前开一门，二线平行，长十余英尺，方向不一。余以发掘之结果，证明在每莹内之死者，皆为一族一姓之人，从无有异姓滥入之事，知立石线栏者，即界域之义也。在此等严密组织中，最足使吾人工作审慎，且当按其种姓而施行发掘之程序也。每一莹中，冢数不一，少者一二冢，多则至数十冢，排比颇有条理。

每冢隆起，或方或圆，堆砌石块于其上，宽广约四〇〇〇糎，高约一〇〇〇糎。冢前有石块排立一线，指示其为墓道，由此可以直抵墓门。墓道之长短，与石线之长短成正比例。而墓门之方向，间不一致，有时冢向东而茔门向南，有时一茔之中，而每冢之方向东西南不一者，盖其每茔之方向亦随意以为界划也。然其墓门与冢门无一西北向者。虽然西北风冷，不足以保死者之温暖，但中土风水之迷，或传播于西域人之脑中，而支配其关于死者之动作也。次分述各茔工作情形如下。

一、麴茔

三月一日之清晨，在大批古冢表现之种种情态中，决定开始发掘工作。由余之仆人小侯带工人十一名，清理干沟西之麴家坟茔。茔内共十八冢，列为五行。第一行，四冢。二行，二冢。三行，六冢。四行，二冢。五行，二冢。又二小冢，附于其旁。其茔门与冢门，由其石线之指示，均东北向。吾开始工作，每冢分配五人为一组，以一人为组长，作监护事宜。又另派一掘手下坑取物，每日每组可工作两冢。今以十人从事，故日可得四冢也。其工作之法，按冢前石线之指示，为吾人工作之途径，循线发掘，百不一失。兹将已工作者述之如下。例如麴茔第二冢（插第一五图），其墓道初宽八〇〇糎。掘至中途，即发现砌入墙壁中之四方形墓表二，以陶为质，一面磨光。涂以墨。朱格。朱书死者年龄、职官、籍贯，及死埋年月于其上。审其题识，为"重光三年麴庆瑜"之墓表。则"麴庆瑜"必为墓中死者之姓名，而"重光三年"乃埋葬之年月也。又一方与之骈列，字迹已漫灭不可读识。再向前进展，入土渐深，墓道渐宽，至长一〇〇〇〇糎，深四〇〇〇糎处，即抵墓门。盖两边为硬土，而墓道中则为浮土。墓壁上全露堑掘痕迹，显示初由人工所造之墓道，埋葬后复填入浮土也。启墓门入，即为墓室。墓门宽八〇〇糎，高一二〇〇糎。墓室作梯形，后宽前窄，后宽三三〇〇糎，前宽二一〇〇糎，长三二〇〇糎。高一二〇〇糎。后边砌土为台，厚一〇〇糎，横宽二二〇〇糎，直长八〇〇糎。涂以白灰，垫以芦席，死者横陈其上。头东南，足西北，尸骨略具，衣服全化为灰烬。陶器陈于死者头足之旁，及东北西北二隅，共二十余件，均有彩画，惜多已失其鲜明也。复掘昨日所掘之第一冢，墓门土微陷，盖已为本地人盗掘者。墓道宽一〇〇〇糎，长一二〇〇〇糎，掘至距地平面四〇〇〇糎时，即现墓门。墓门及室中均半塞土，尸骨已被搅乱。在室之西北隅去其塞土，觅出破陶器三件。墓室为四方形，宽长约四〇〇〇糎。在墓道之中间，掘出墓表二方。一为延昌二十九年，麹怀祭妻王氏，一为延昌三十一年，麹怀祭。吾人由此即可知其为夫妇二人之合冢也。麹王氏墓表，为刻格刻字，并填朱色，字颇工整。麹怀祭则为朱格朱书。书颇潦草，想埋葬并非一时，故树碑亦必一在前一在后也。又掘第三冢（插第一六图），墓道宽一二〇〇糎，长七〇〇〇糎。在墓壁中间，略进墓门处，得墓表一方，亦为刻字，题"延昌十七年麹谦友"。掘至距地平面二七〇〇糎时，即现墓门。门上宽九〇〇糎，下宽八〇〇糎，高一二〇〇糎。启门入，为墓室。室作梯形，后宽三〇〇〇糎，前宽二四〇〇糎，两边等长，后有土台，厚一〇〇糎，宽一八〇〇糎，长六〇〇糎，死者横陈其上，头东南，足西北。在东北、西北隅，满陈陶器，约二十余件，并砌土埂以为间隔，表示死者之尊严，生人贡献之物，不得直陈于死者之前，且为后死者之继续得以陈设也。最后又掘第六冢，在其墓道中得墓表一，为延寿九年麹延昭。墓中发现陶器六件。陶器及尸骨均不整齐，或亦系被本地人盗掘也。时已薄暮，即收拾返棚。在余等今日初次工作古坟，即收若干之古物而归，庆幸曷可言喻。但同时今日遇一有兴趣之失败，亦补述如次。

余除派大队工作沟西古坟外，另派工人五名，由汗木多利率领，清理城北未完之畏兀儿居宅（插第三图）。在城北一高塔之前面，有长狭井坑一线，土微陷，必为死者入墓之路。即从事掘发，半途出大瓦缸一口，高四尺，围亦三尺许，颈有草绳系之，无墓表及他物。复向前工作，约长二丈许，即抵墓门。启门入，中显宽大之墓室，宽长六尺许，高亦五尺，四面中凹，形同莲瓣，因顶已被水冲陷，中无一遗物可资考验。但余决相信为死者墓室，后在雅尔崖古城之南部，及二堡古城中，亦有同样建筑之发现。据本地人云，此中曾发现古物甚多。汗木多利亦云然，并云有时在塔下，亦曾发现类此之建筑。故余颇疑此为大僧侣或贵人死后埋藏之所。其形式或受印度佛教影响，与沟西之染汉化者不同也。至墓道中之大缸作何用耶？审其形质，为北魏末年之遗物。然决非此墓道中之固有，或由他处移藏于此者也。现此物已送吐鲁番县署保存矣。

二、史茔

在三月二日至四日，为维民年节，余亦循例休息三日。五日继续工作。加至二十人，仍工作沟西坟茔。一行清理麹茔之第四、五、十、十一各冢，均有少许之收获。大队人员工作史茔。史茔在麴茔之西北隅，有古坟五冢，集为一茔，门均东北向。其第一冢，墓道宽八〇〇糎，长约七三〇〇糎。在墓壁之中间，约有一〇〇〇糎之距离，即发现墓表二方。均为朱书，一题"延寿八年史伯悦墓表"，一题"唐永徽五年史伯悦妻麴氏墓表"，两方骈立，显然为夫妇合冢。至深距地平面二三〇〇糎时，即现墓门。门高一三〇〇糎，上宽一〇〇〇糎，下宽七五〇糎。入门为墓室，室作梯形，后宽，前窄，后宽二五〇〇糎，前宽二〇〇〇糎，长三〇〇〇糎。室后横陈尸骨二具，头西北，足东南，盖即史伯悦夫妇二人之遗骸也。陶器陈于足部者一件，余均陈于头部，自南至北骈比为一线（插第一七图）。其第二冢之收获则甚微，除在墓道壁上所取得之墓表，表明为延昌五年史祐孝外，不见陶器。故余亦未测量其墓室，与陶器陈设之位置也。其次即继续工作麴茔东之氾茔。

三、氾茔

在吾人工作氾茔时，有本地人在麴茔北之令狐茔发掘，出墓表一方。墨书"延昌十一年令狐天恩墓表"，字体方整，书写甚佳。来以献余。余令其来与余大队共同工作氾茔。令狐茔茔门及冢门均向西南，氾茔则向东北，适成反比例。氾茔共有九冢，列为三行。第一行，四冢。二行，三冢。三行，二冢。在第二行之第一冢，发现氾绍和及夫人张氏墓表。前为朱书，题"和平二年"。而夫人张氏为墨书，另附其后。故余疑氾绍和先死，及夫人张氏死后附葬时，取原砖续书也。又在第三冢取墓表一方，题"唐永徽元年氾朋祐"。墓中取陶器三件。在氾茔之东，为赵茔。

四、赵茔

赵茔门均东南向。盖赵茔以西如麴茔、史茔、氾茔，门多东北向，自赵茔而东，门多东南向。盖以其地势前面渐开展故也。赵茔有八冢，分为二行。第一行，五冢。第二行，三冢。在第一冢中得墓表一方。为朱书。首二行字不明，以水透湿，识"三年丙子岁赵僧胤"等字，复加检考，知为义和三年（见《砖集》校记）。墓中得陶器二十余件。在其第二冢，得墓表三方。一墨书，题"建昌元年赵荣宗夫人韩氏"。一刻格，朱书"延昌十三年赵荣宗"。一朱书，题"延和三年赵荣宗妻马氏"。墓中无陶器，疑已被本地人盗掘也。盖本地人盗墓，多自墓门往下掘，墓表在墓道之末端，为盗墓者所不知，故能保存至今也。第四冢，为朱书，题"延寿九年赵充贤"。第三冢，得墓表二。一墨书"唐仪凤三年赵贞仁"。一剥蚀不明，未能审其姓字官职。墓中有陶器十件。第七冢，亦得墓表二方。一为"延寿九年赵悦子"，一为"延寿七年赵悦子妻马氏"。均朱书。取陶器二件。在赵茔之东北为画茔。

五、画茔

在三月六日，因余连日工作古坟之顺利，决增加多人工作。故今日参加人数为三十八人，由小侯与汗木多利之领导，继续工作赵茔以东之各茔地。余在家料理队务，及办理琐细事件，至傍午方至工作地视察。画茔共四冢。冢前石线均东南向。外无石线作栏，以各冢发掘之结果，审为画茔。在第一冢墓道中，得墓表一方，为"章和十六年画承墓表"，方格刻字，颇整齐。尾附朱书"永平二年夫人张氏"。则因画承死后，其夫人附葬时，就原砖追书，毫无可疑。而余作魏氏纪年，以永平继章和之后，亦由此表为之证明也。墓中取陶器十件。第二冢，墓道中之墓表，为"延昌二十二年画神邑妻周氏"，朱书朱格。墓中取陶器十一件。第三冢，墓表为墨书，题"延昌三十一年画纂"。取陶器二件。第四冢，墓表为儒子，墨书"延昌十九年"，取陶器四件。儒子墓表不署姓名，以其附于画纂墓旁，或亦姓画，卒年二十有七，无妻子，盖其取名儒子之故欤。在画茔之东为田茔。

六、田茔

茔内共三冢，门均东南向。外亦无石线栏。在第一冢中，其墓表为刻字，题"永平元年田元初"。取陶器二件。第二冢，墓表为墨书，题"建昌五年田绍贤"。取陶器十一件。第三冢墓表为朱书，题"延昌三十二年田贤文"。无陶器。由画茔与田茔在排列整齐之坟墓中，审其墓表所题之年代，在最右者时代为最早，以次递后。因此吾人知当时埋葬，亦先在右边，由右而左，或者为西域人尚右之故欤。在田茔之西南为曹茔。只二冢，亦无石线栏。掘其左一冢，得墓表一方，为朱书，题"延昌七年曹孟祐"。取陶器十二件。在田茔东百余步，为孟茔。

七、孟茔

茔内共十六冢，排列颇不整齐，略可分为五列，门均向东南。在第一冢，其墓表为朱书，题"和平四年孟宣宗"。有陶器九件。第二冢，墓表为朱书，题"延昌二十一年孟孝□"。有陶器五件。第三冢，亦为朱书，题"延昌三年孟宣住"。有陶器五件。第五冢，为朱书直格，题"延和八年孟子"。有陶器十余件。第六冢，为朱书直格，题"唐贞观二十四年孟隆武"。有陶器三件。第八冢，其墓表字迹模糊，只识"义和四年丁丑岁"等字，为何人之墓，及官职若何，已无从考识。但其墓表原书有延昌年号，则为取旧砖新书者，余由此而知义和在延昌之后。盖罗振玉氏《麹氏年表》，以延和直接延寿，今乃知延和之后，尚有义和，庆幸曷极！在墓中取陶器一件，然其价值不在此也。在第一六冢，亦掘开，惟取陶器二件，无墓表。综上诸冢，以墓表所署之年代，推其埋葬先后，亦为自右而左，与画茔、田茔得同一之证明也。在孟茔之北为曹茔。

八、曹茔

曹茔邻于孟茔之旁，外无石线栏，有坟七冢，为一茔，门均东北向。在第一冢中取墓表一方，墨书"延昌卅七年曹智茂"。取陶器三件。第二冢以土坯作墓表，无陶器。第五冢取墓表二方，一朱书"延寿九年曹武宣"，一朱书"延寿八年曹妻苏氏"。墓中得铜饰二件，形如今之眼镜，左右隆起，密穿细孔，边缘有绢帛纹理，疑为衣帽上之装饰品。第六冢为朱书，题"唐咸亨五年曹怀明妻索氏墓志铭"。虽间有模糊，但以水浸湿，尚可识其大略。书写亦优。约二百字，前为志，后为铭辞（见《高昌砖集录文》）。在高昌有国时之墓志，均称墓表，直书年月日，及死者官职名氏。体尚质素。入唐乃有墓志铭，以颂扬死者之德行，文词趋于繁缛。虽贫穷者，亦尝抄袭他人之文以颂扬其死者。如王康师为其父作墓志铭，文与曹怀明妻索氏墓志多相同。间有更改一二字，而致陷于不伦者。如曹怀明文云："嗟兹亡妇，秋叶雕霜。"盖夫吊其妻之词。王康师则改为"嗟兹亡父，秋叶雕霜"，殊可笑也。但中国之文学传于西域，由此可见其概略。然必在侯君集平高昌以后也。墓中有陶器九件。在曹茔之东，为苏茔，共二十一冢，门均东南向。在第一冢，得墓表一方，题"延昌廿二年苏玄胜妻贾氏"，朱书朱格。无陶器。第二冢墓表为朱书，题"延寿十五年苏□相"。得陶器五件。以上诸茔地，皆在大道以北，为余等日来所工作之地也。

在三月之八日，余为本地人所习称之阿亦普沁所驱使，拟前往寻觅。乃留汗木多利与小侯每日仍带领二十名工人工作沟西路南之古茔地。余带毛拉及引导者，于今日正午向东南出发。下午一时出沟口，转南行，经连木沁村庄，入戈壁，往南，经大庄子，住于锡兰木一维民家中。次晨又出发向西南行，渡托克逊水，发现阿萨土拉，为古时茔堡，以捍卫大道旁之行旅者。盖由鲁克沁旁库鲁克山往西，经艾丁柯尔之南岸，过毕占土拉、阿萨土拉，入库木什山，至焉耆，为唐时之银山道。郭孝恪攻焉耆，即取道于此。现有大道辙迹，维名北京邮路，由东至西。沿此大道，有古时土墩，维民呼为土拉，形成一线，以保护当时大道旁居民与屯卒。阿萨土拉即其中之一也。过此，仍为咸滩，盐硝掺泥，枯苇僵结。鳞积成波浪形。下午二时，住于英儿野勒克羊厂。次晨，即骑马觅古城。传说古城在山边，及至，除白色如银之库鲁克达格山石外，不见有何古代遗迹可寻，但由此可知古人取名银山之意也。沿山麓往东行，觅得古墓茔多处，则知古时沿艾丁湖畔而居者亦甚众多，生时牧畜于湖岸，死则葬于此山麓也。三月十一日即开始返行，又经蒙古坟茔及土拉多处，发现卜柯洛克土拉。又此一带之古坟，与雅尔湖不同，此处冢上虽堆砌石块，其下即为井穴，深约四尺许，有木料作栏，死者裹以布帛，或毛织物，疑为本地后期之游牧民族，或即畏兀儿人之墓地，亦未可知。因余欲速返雅尔湖，未及工作，探觅其遗物，殊可惜也。由此向北，复渡托克逊水。转西北行至大墩子。转东北行。晚八点四十分抵雅尔湖住次。小侯与汗木多利急以四日之工作相告，古物累累，已盈余之床榻前后左右矣（插第一图）。

三月十二日，余即至古坟地视察彼等以往之工作。在大道南之古坟茔，均集中于中部。其西则为风蚀土阜，迤逦漫衍。再南，过小道，即至四道沟。往东，地势高低不平，古坟散布亦稀。故此一带即中部，为沟西坟茔之要区，亦即余等工作之中心地也。兹将道南工作情形，分述如下。

九、卫茔

此为邻近路南最西之一茔，其门均向东北。有坟六冢，分为三列。余发掘其三。在第一冢，其墓表为朱书朱格，题"延昌三十三年卫孝恭妻袁氏"。有陶器四件。第三冢为一墓志铭，字迹漫灭，不可尽辨。故死者之姓氏、官职及埋葬年月，均无可考。有陶器十一件。第六冢，无墓表，仅得骨器一件，头尖锐，疑为妇人之簪。

在卫茔之东为罗茔。石栏作长方形。门亦东北向。共五冢，只掘其第三冢。墓表为朱书，题"延寿十三年罗妻太景"。无陶器。

十、袁茔

在罗茔之东为袁茔。冢门均东北向。共坟十二冢，掘第一、第二两冢。在第一冢中，有陶器五件，无墓表。第二冢中，墓表为墨书，题"延昌九年袁穆寅妻和氏"。无陶器。其东为唐茔。

十一、唐茔

唐茔紧接大道，在袁茔之东。为吾等在大道南工作之中心地。共坟十九冢，分四列。第一列，七冢。二列，两冢。三列，七冢。四列，两冢。冢门及外之石线栏，均西南向。在第一冢中得墓表二：其一为朱书朱格，题"延寿八年唐耀谦"；其二为朱书，题"义和二年唐幼谦妻麹氏"。墓中有陶器十三件。第二冢墓表为朱书，题"延和十年唐仲谦"。有陶器十三件。第三冢墓表有三，二方合并，一方骈列。一朱书"义和四年唐舒平"，一朱书"延和二年唐元护妻令狐氏"，一不明。得陶器三十余件。兹述其墓室之构造，与陶器陈列状况如下。其墓道长九〇〇〇粿，宽八〇〇粿，三墓表均在墓壁之中间。墓道深至距地平面三六〇〇粿时，即现墓门。宽七〇〇粿。门高一二〇〇粿，与墓室等齐。启墓门入，为墓室。室作梯形，前宽二六〇〇粿，后宽三二〇〇粿，直长二一〇〇粿。有尸骨三具，后二具头西北足东南。又一具在其右边，头西南，足东北。陶器陈列于死者足间，及身旁，形成一弧线（插第一八图）。其中有一漏底甄（第三二图），则陈于一死者头部右侧，或有重视此器之意也。第四冢，墓表为朱书刻格，题"延昌十三年唐忠贤妻高氏"。有陶器十五件。其墓室之构造与陶器，亦有可言者。墓道长六五〇〇粿，宽七〇〇粿。墓表在其中间。墓道渐后渐宽。在距地平面二八〇〇粿时，即现墓门。上窄下宽，形同圭窦，上宽四〇〇粿，下宽九〇〇粿，高一一〇〇粿，与墓室齐。墓室为四边形，左宽右窄，左宽二八〇〇粿，右宽二六〇〇粿，后宽二八〇〇粿，前宽二九〇〇粿。右边有土台。高一〇〇粿，宽二二〇〇粿，死者直陈其上，头西南，足东北。土台旁陈陶器十余件，尽为瓶、碗、杯之属（插第一九图）。第五冢无墓表，有陶器六件。第六冢墓表为朱书，体同墓志铭。死者为高昌人，名唐县海，唐龙朔三年死，四年葬。墓中得泥塑驼马等残件。盖唐以前在高昌有国期中，据余之发掘，其墓中无有以泥质人马为殉葬品者，有之皆在侯君集平高昌以后，此可注意之事也。第七冢为唐谳墓志铭，尾书上元二年，亦唐代之墓也。文词甚优，书写亦佳。文中述其祖父两代，均为伪学博士，岂以追述高昌时代之官职，故称伪耶。墓中得陶器三件。有一兽形足盆（第二二图），置于头部。四周花纹隆起，堆砌兽形，里有猿猴像，伏于盆底。有三足，均作兽形，背负此盆，式样颇别致也。兹述墓室构造与陶器陈列状况如下：墓道尾宽一一〇〇糎，长六七〇〇糎，至距地平面二八〇〇糎即抵墓门。门高一二〇〇糎，上宽七〇〇糎，下宽八〇〇糎，墓室作梯形。后宽前窄，后宽三三〇〇糎，前宽二三〇〇糎，直长二九〇〇糎，高与门齐。后有土台，作长方形，厚一〇〇糎，宽一二〇〇糎，长二九〇〇糎。有尸骨二具横陈，头西北足东南。兽形足盆即陈于外具之头部旁。又二件则陈台下之右边（插第二〇图）。第八冢，墓表为朱书，题"永淳元年唐思文妻张氏"。得陶器四件。第九冢，无墓表。得陶器五件。第一〇冢，为朱书。题"唐贞观二十一年唐妻辛墓表"，左墨侧刻"唐妻辛英疆之墓表"八字，墓表侧刻字者甚少见也。内述唐为交河县神山乡民，与王朋显同乡（《砖集》三七），则高昌之乡村组织由此可证明也。有陶器九件。第一一冢无墓表，墓中得铜器五件（附录第三图），似为衣带饰之具也。第一二冢，无墓表，有陶器七件。第一三冢，墓表有二：一朱书"贞观十八年交河县民岸头府楼师唐神护"；一略小，侧刻"师唐神护"四字。二砖皆为一人，疑刻于侧者，"师"上略去一字。墓中有陶器一件。第一四冢，墓表有二：一为朱书朱格，题"延寿十一年唐阿明"；一为延寿四年张氏。有陶器二十三件。第一五冢，墓表为朱书，题"延寿四年客曹主簿"。姓氏不明。但在唐院出土，以同茔不杂他姓为例，当亦姓唐无疑。殉葬之陶器甚多，有驼蹄足盆一（第二三图）、瓿、瓮、杯、盂之属，共三十余件。兹将其墓室构造及陶器陈列状况述于下。墓道长六九〇〇糎，宽一一〇〇糎，在距地平面二一〇〇糎即抵墓门。门宽七〇〇糎，高一二〇〇糎，与墓室齐。墓室作后宽前窄之梯形，后宽二四五〇糎，前宽一九〇〇糎，长二四〇〇糎。中有死者尸骨二具，横陈后方，头西北足东南。陶器分陈于头足二面，直陈一线。其驼蹄足盆，则在死者之足旁，表示为特别贡献之物也（插第二一图）。第一六冢，墓表字不明，未能知其年月日。得陶瓿四件。第一八冢无墓表。有陶器四件。

十二、马茔

在唐茔之东南隅为马茔，与唐茔茔门交错。盖唐茔门向西南，而马茔门向东北，正相对也。共有坟二十七冢，分为四列。但吾人只掘其三冢而止。第七冢得墓表一方，朱书。字迹不明，仅识"延和四年"等字。其死者之姓名、官职亦不知也。无陶器。第一七冢，墓表为朱书，题"延昌廿一年马阿卷"。有陶器四件。第一八冢，墓表为朱书，题"延昌卅一年马氏"。不具名氏，书写甚佳。墓中有陶器二十余件。在马茔东，有坟二冢，为一茔。门亦东北向，发掘无墓表，未审其姓氏，余订为B茔。有陶器二件。在B茔之东北，有坟五冢，为一茔。门亦东北向，余订为C茔。掘第三冢，得陶器三件，亦无墓表。此二茔为余工作古坟茔之最无收获者也。在C茔之北为A茔。有坟九冢，亦无墓表。未能知其姓氏，余订为A茔。掘其第一、二两冢，成绩甚佳。在第一冢中发现兽形足盆一件，堆砌兽像计十一形，骈绕四围，形旁间有花瓣纹，与唐礵墓中之兽形足盆其形像多相同。为余发现陶器中之较佳者也。但此盆倒置于墓道之尾端，入土不深，与通常三足盆陈列墓中死者足旁或头旁者不同，未知何故（插第二一图）。墓中复得陶器二十余件。以其殉葬之丰富，必非贫贱之人，然为何无墓表以为志也。第二冢无墓表。亦得陶器九件。在A茔之旁为刘茔。

十三、刘茔

在A茔之东，为刘茔。有坟八冢，分为二列，门向东南。第一冢，墓表为朱书，首题"镇西府内主簿刘□□"，其名字及死葬年月，均模糊不明。墓中有陶器十余件。第二冢墓表为朱书刻直格。题"延昌廿七年追赠虎牙将军刘氏"，失书其名字。得陶器三件。第三冢墓表为朱书，题"重光元年刘保欢"，为所得墓表中之年代最远者。今由此墓表，而麴嘉即位之年，可以推定，快何如也。墓中得陶器四件。第五冢，墓表题"唐显庆五年刘住隆妻王延台"。有泥器十余件，多蚀残。有车轮二，墨画轮辐，中隆起穿一孔（附录第一一图），疑为置轴之用。又泥器一件，疑为陶瓶之塞（附录第一二图）。第六冢为墓志铭，朱书朱格，首书大"唐乾封元年刘土恭"，而"刘"字与"土"字书写相连致误作"型"。墓中得泥人马像十余件。人像亦残毁，致失其彩色，仅具其形貌耳（附录第一〇图）。第七冢无物。第八冢仅得铜零件三枚。无墓表。此刘茔工作之大略也。

十四、王茔

在刘茔之西南，B茔之南邻，有坟二十一冢为王茔。门均东南向。外茔石线，只有西北两面，东南二面已毁。审其遗迹，知原有石线作栏也。王茔在小道东，此道为雅尔湖人往北山之路，穿经坟区。时余谋迅速明了墓中之种姓及省减时间计，只取墓表，不开墓穴。因墓表在墓道中间，取拾甚易也。余在第一冢取王朋显墓表，朱书"唐贞观廿二年"。第二冢取王阇桂墓表，朱书"延寿十三年"。第三冢取王康师墓表，朱书"唐仪凤三年"。第六冢取王皮苟墓表，朱书"延和十一年"。第五冢取王阿和墓表，墨书"延昌五年"。由是而知此茔死者皆姓王也。在王茔之西，为索茔。有坟三冢，门均东南向。余掘其第一冢，得墓表一方，为刻字填朱，题"延昌三年记室参军妻张氏之墓"，另行朱书"客曹参军令（当为'领'字之误）兵将索演孙"九字，当为后死附葬时续书者。但不知记室参军是否即索演孙也。无陶器。在王茔之西南，为氾茔。氾茔有二：一在大道北，与赵茔邻；一在大道南，邻于王茔，此大道南之氾茔也。掘第一冢，取墓表一方，为刻字填朱，题"章和十八年氾灵岳之墓表"。取陶器九件，由此而西，古坟零落，间多倾圮，浮沙被之。方向亦极凌乱，有南向者，有北向者，有东向者，散布各处，又无石线为界。想非本地之主要居留人。故不予清理。在此一带乱冢之西南，有小道一，通四道沟中之居民。在小道与四道沟之中间为任茔。

十五、任茔

有坟二十二冢，门均东南向。在第一冢中，有墓表二方：一刻字，题"建昌二年任叔达妻张掖袁氏"；一墨书，题"延昌元年任氏附夫人袁氏"，其官职相同，则任氏当为一人。末附张掖袁氏者，盖其妻先死，后任氏附葬时，又续书袁氏于其后。墓中有陶器六件。其第五冢，墓表为墨书，题"建昌三年任□□"，"任"下字模糊，不知其名为何。墓中有陶器九件。第六冢，墓表为刻字，题"延昌卅年任显文"。无陶器。第九冢，为朱书，题"延昌卅九年任氏"。有陶器三件。第一〇冢，朱书"延昌十三年任□慎妻"。有陶器十七件。第一二冢，朱书"延和十一年任谦"。有陶器九件。第一四冢，朱书"唐贞观十五年任阿悦妻刘氏"。有陶器二十件。第一七冢，朱书"延寿十年任阿庆"。有陶器十三件。第二〇冢，墓表有二：一朱书"唐显庆元年四月十六日任相住之墓表"；一墨书，为墓志铭，首题"唐显庆元年

四月八日交河人任相住也"。两砖同志一人,死葬之年月亦同。惟一作四月十六日,一作四月八日,相差仅八日。而其卒之年岁,一作七十有五,一作六十有一,则相差至十四年之多,决不能一人死两次,此中必有一误。后检四月八日之墓志,其"任相住"三字书写特劣,与全文笔迹不类,且其干支亦与《长历》不合(说见《校砖记》)。因此余疑系取他人墓表,涂书"任相住"三字,以歌颂死者之功德也。墓中有陶器三件。在任茔之西,为张茔。

十六、张茔

张茔在小道之西,外无石线栏。门均东南向。第一冢,墓表有二:一朱书"延昌十九年张神忠墓表";一不明。有陶器十九件。第二冢,墓表有二:一墨书"延昌十五年张买得";一朱书"延昌廿八年买得妻王氏"。有陶器十件。第五冢,朱书"重光二年张保守"。有陶器十四件。第六冢,朱书"延和八年张时受"。有陶器三件。

十七、麴茔

在张茔之西,约百余步,有坟二冢,亦无石线栏。掘第二冢,墓表为朱书,题"延昌廿四年麴显穆"。无陶器。在麴显穆墓之西,为麴弹那。有坟十冢为一茔。以石线栏之。门均东南向。掘第一冢,有墓表二:一朱书"建昌四年麴那妻白阿度及女";一墨书"延昌十七年麴弹那郍及妻张氏"。有陶器十三件。在麴茔之旁,又为张茔。在第一冢中,墓表为朱书,题"延昌十二年张阿□",有陶器一件。第二冢墓表亦为朱书。题"延昌□年张氏",有陶器一件。

此为余于三月九日出外考查,小侯及汗木多利等,清理大道南与小路中部坟墓之大略。及余于三月十一日返队,继续清理小路两旁之古坟,成绩欠佳。乃减为五人,工作小路西南之各坟茔。余连日绘此地古坟分布图,至三月十六日,而沟西之全部工作告竣。余等自三月一日至三月十六日,工作沟西坟区,除因维民年节,休息三日外,每日有十余人或三十人不等,加入工作。在此荒僻之戈壁滩上,本地人来鬻食物者骈列成市,日昃不歇,四方之骑马驴来观者,络绎于途,未始非一时之盛事。而余所得之数十箱古物,又足以证明高昌麴氏有国之历史。此又余所尝自引以为幸慰者也。

丙　沟南

先是在沟西之东里余，当四道沟与三道沟水合流出口处，在土子诺克达格之北麓，有高原隆起于四道沟与三道沟之间，古坟累累如棋布，本地人亟称从未有人掘过。邀余试往工作，致使余停工之意思消减，而又欲继续前往一试，以与沟西坟区作一比较。在沟西坟区东行，山势陂陀，间有一二散布古坟，但已与维民新坟相厕杂。前行里许，即至其地。两边临甚深之崖岸，居民住于沟中，泉水淙淙东南流，树木阴绮，野木沁之人往迪化者，亦取道于此。余于三月十七日，开始工作，以十八人从事，而一日之中，仅得陶器八十件。墓砖二方。仿佛因余之将停工，而特别向余献殷勤者也。

十八、索茔

此地有坟五茔，惟中间一茔最为整齐巍峨，超越沟西。乃试工作此茔。此茔共有坟九冢，斜线骈列为三行，外有石线栏之。门均东南向。后宽二三八〇〇糎，左宽四二一〇〇糎，右宽四二一〇〇糎，前宽二二〇〇〇糎，门宽四八〇〇糎，门长九四〇〇糎。余即工作其中之第一、二、三，三冢。在第一冢墓道中，取墓表三方：一为朱书朱格，题"延昌卅一年索显忠"；一朱书，题"延昌十三年索显忠妻曹氏"；一朱书"延昌卅三年索显忠妻张孝英"。墓中有尸骨三具，与墓表之数相合，盖为索氏夫妇无疑也。有陶器四十件，均堆积于头部及身旁。有三足盆二，及瓮、瓶、杯、盂之类。其种类颇多。三足盆则置之中间，而四周围列陶器一圈。其盂、杯之类，则累叠列陈。陶器花纹，多为朱色。有一盂，内涂朱，其朱色渣汁，犹沉淀于底部。厚一公分，触之尚能染指也。又一瓶，内满覆食物已腐之渣汁，则当时必以陈食物，且即以所陈之食物殉葬也。有在陶器口缘起白沫成凌状者，或因其器中原陈有盐质之物所致。又有黄泥质杯数件，无柄，口微涂黑。凡此种种，皆表示当时人民生活之状况，使吾人尽量了解千余年前西域人日用器具与食品，亦为吾人最乐之事也。第二冢，在墓道中取墓表二方：一朱书，题"延昌七年索守猪妻贾氏"；一朱书墨格，题"延昌十二年索守猪"。但无陶器。第三冢无墓表。但发掘此墓时，余正在沟西复查已工作之墓穴。远见余之脚夫由沟南匆匆来。但彼不能汉语，余不能维语，以手指示，仿佛是请余去者。前行数武，而余之掘手汗木多利立于高阜上，以手招示，声声叫余，余拟知其必有贵重宝物发现也。即驰至，以手电灯照此黑暗之窟室。似有一彩绘男女之神像覆于死者身上，及取携，已腐朽化为灰泥矣。然余下人之惊愕呼余者为此也。余乃审视墓室一周，记其情形如下。墓道前宽七〇〇糎，后宽一〇〇〇糎，长七二〇〇糎。深距地平面一二〇〇糎时，即现墓门。有土坯数块塞门，盖陈置死者既竣，即以土坯闭塞墓门，所以防浮土倾入，与野兽之扰害也。门高一〇〇〇糎，宽七〇〇糎。启门入为墓室，墓室作梯形。前宽二四〇〇糎，后宽二八〇〇糎，长三〇〇〇糎。中有土台二，作长方形，相对横列。后一，宽二〇〇〇糎，长一〇〇〇糎，厚一〇〇糎。前一，宽一七〇〇糎，长八〇〇糎。台上殿以石灰，上布芦席，后台陈尸骨二具，头西南，足东北。后一，长六英尺，头足旁置陶器各一。足旁为一大三足盆。后二，长五英尺五寸，头部置陶器一件，两尸之中间，置碗、瓴之类一线。前台陈尸骨一具。头西南，足东北，与后二同。头足均枕以草灰枕，作棱角形。身衣锦绣，覆以彩绘男女之神像，虽已腐化，但其彩色质料，尚可见也。尸长五英尺五寸。头旁置陶器一件于其右侧。在两土台之中间，有洼沟，置陈陶器一线。余均陈列于土台之南部，自后至前累累若串珠，共四十余件。举凡生人所习用之器物几具于此矣。（插第二二图）

余今日虽得最丰美之收获，仆人等均劝余继续工作，但余终不欲更改余之原定计划，明日仍然停止工作。并整理所得之古物，及包裹装箱，以备长途之运输，故亦备极忙碌也。

三月二十日始将采集品二十六箱装裹完竣，移置吐鲁番气象台中。二十一日上午将所有事务料理完毕。下午二时率全队离开二十日勤苦工作之雅尔湖，向哈拉和卓出发。沿浪布工商渠东南行，夜抵让布工商。汉名二工，为清光绪中屯垦之地。发现古城一，疑为唐之南平或安昌故址。次日由小侯、汗木多利带队直至哈拉和卓。余偕毛拉至吐鲁番城购办什物。二十四日晚返哈拉和卓。二十五日开始工作古城，及查视附近古迹，三月三十日开始为古坟之工作。在哈拉和卓附近有古坟地三区。一在古城西北里许，其面积之大，过于雅尔崖，最有名之张怀寂墓，亦在此区（详王树枏《新疆访古录》）。但多为东西游历人士及本地人所盗掘，已失其地中层序，颇难清理，故余决定不工作。一在古城东北三里许，当往土峪沟途中，古坟亦多，其状与西北区同。余等在此处取墓砖两方。一为朱书，题"河西王通事舍人张季宗之墓表"，夫人敦煌宋氏。无年号及年月日。但在高昌麹氏有国时，无河西王名称。后查《宋书·氐胡传》，沮渠无讳袭据高昌，遣使奉表于宋文帝，拜为征西大将军、凉州刺史、河西王。及无讳卒，其弟安周继立，宋仍拜为河西王如故。是河西王为沮渠无讳及安周时事。无讳为宋元嘉十九年，安周为宋元嘉二十一年，在麹氏前，故不署高昌年号，然沮渠氏侵入高昌，由此可以证明也。一为墨书"章和七年平远府禄事参军张归宗夫人索氏墓表"。其墓中均已被本地人盗掘，惟墓表在墓道之末端，故尚能保存也。此一带坟院形式，与雅尔崖同，院外有石线作栏，冢前有石线，其族划区分亦颇清晰。惟西北之坟区与此略异，外栏及冢墓道，均已失去痕迹，或者原即未有，其坟之周围，间有半月形之土埂，表示为坟墓之屏障。此种风俗，略同内地，若江南一带之古坟，多如此。亦有在坟后起高塔者，则为佛教入西域后之遗俗。二堡旧城及雅尔崖旧城，尝有此类之建筑物，而其前均为坟墓。有时外表不隆起，故不能知其墓穴何在也。一在二堡东南伯什柯恶克，距二堡旧城约十里许。此处坟院形式与雅尔崖及他地均异，每冢上有一土墩，盖为塔或房屋之已倾圮者，坟前亦有墓道，外以石线作表示，与雅尔崖同。在一冢或二三冢外，有土筑之围墙，高约七八尺，四周围之，宽一〇米达，长约九〇米达。余于三月二十九日试工作此一带坟地，每日五人，工作三日，长三〇米达，深八米达，但除有死尸之臭味及零碎铜件外，不见有显著之古物。盖此一带地湿土疏，古时遗迹致失其保存之效能。余因是遂放弃此地工作，转寻余所希冀之两千年前罗布淖尔古海也。

附：雅尔崖沟北及沟西古冢遗物分茔表

坟区	冢别	器物	件数	附记
甲、沟北				
沙梁北	一	铜兽环 * 附五（1036）	一	
沙梁东	三	圆底钵 * 二（1332）石 * 斧附一（119）	二	
沙梁西	四	把杯 * 一二（1094）	一	
同上	五	圆底钵 * 三（1286）把杯一六（1344）一八（1112）一九（1341）	四	
同上	六	圆底钵 * 四（1274）五（1369）小 * 钵九（1095）	三	
同上	七	骨矢镞 * 附四（1286）	一	
同上	八	骨签 * 附二至三（1887）	四	
以上冢别确实并附有工作图者				
		钵 * 六（1099）七（1284）一一（1104A）八（1063）一〇（1104B）	五	
		把杯一三（1229）一四（1343）一五（1342）一七（1347），二〇（1345）	五	
以上皆沟北出土而冢别记号遗失者				

续 表

乙、沟西					
一、麴茔					
冢别	墓表	年代	器物	件数	附记
一	麴怀祭妻王氏 麴怀祭	高昌延昌廿九年 高昌延昌卅一年	盂一杯二（1377）	三	
二	麴庆瑜	高昌重光三年	碗*一、九四（1165）瓮一（1283）瓮一 盂一（1327）盂二		又一墓 表字不明
			杯四（1070）碗一、九九杯一（1328）瓶一、 六一（1297）盆一		
			盂一盖一（1331）盂一瓶一（1087）盂三 杯一（1282）		
			碗一瓶底一（1291）	二四	
三	麴谦友	高昌延昌十七年	盂一杯二（1184）碗一杯二（1195）盂二 （1221）		
			瓶一（1176）瓶一碗一（1401）瓮一（1453） 杯四（1315）		
			盂三杯二（1250）	二一	
四			盂一（1064）碗一杯一（1123）瓶一（1241） 盂一		无墓表
			杯二（1280）	七	

五			瓴一（1333）盂＊二八二残底一（1194A）	四	无墓表
六	麹延昭	高昌延寿九年	瓴一（1299）盂一杯四（1290）	六	
十			盂二杯一（1404）瓴一（1227）	四	无墓表
十一			碗一杯二（1125）	三	无墓表
二、史茔					
一	史伯悦史伯悦妻麹氏	高昌延寿八年唐永徽五年	瓴一（1190）盂一杯一（1218）盂三（1298）盆＊一二九（1286）	八	
二	史祐孝	高昌延昌五年			无陶器
三、氾茔					
一	氾绍和及夫人张氏	高昌和平二年			无陶器
三	氾朋祐	唐永徽元年	盂二（1336）瓴一（1082）	三	
四、赵茔					
一	赵僧胤	高昌义和三年	盂四（1179）杯四（1181）瓷一（1245）瓷一（1317）盂一		
			杯五（1355）盂二（1308）盂＊一、九三碗＊一九五（1351）瓴一（1386）		

			瓮一（1182）	二二	
二	赵荣宗夫人韩氏 赵荣宗	高昌建昌元年 高昌延昌十三年			
	赵荣宗妻马氏	高昌延和三年			无陶器
三	赵贞仁	唐仪凤三年	碗二杯一（1187）瓿一镫一、一二六（1316） 瓿一（1154）		又一墓 表字不明
			盂一杯三（1246）	一〇	
四	赵充贤	高昌延寿九年			无陶器
七	赵悦子妻马氏 赵悦子	高昌延寿七年 高昌延寿九年	盂二杯二（1353）	四	
五、画茔					
一	画承	高昌章和十六年	盂三（1251）盂一杯三（1349）盂三（1352）	一〇	
二	画神邕妻周氏	高昌延昌廿二年	盂三（1112）盂一（1262）盂三（1258）盆一、 二七盂三（1458）	一一	
三	画驀	高昌延昌卅一年	残瓿一杯一（1108）	二	
四	儒子	高昌延昌十九年	盂*四、七九（1303）	四	
六、田茔					

一	田元初	高昌永平元年	盂一杯一（1183）	二	
二	田绍贤	高昌建昌五年	甑*一、三一瓿三（1260）盂三（1294）盂二杯二（1307）	一一	
三	田贤文	高昌延昌卅二年			无陶器
曹一	曹孟祐	高昌延昌七年	瓮一（1107）瓶一（1223）盂三（1256）盂一（1259）瓶一（1304）		
			盂一杯一（1339）瓮*一、三六（1071）杯一（1456）杯一（1457）	一二	
七、孟莹					
一	孟宣宗	高昌和平四年	杯五（1187）镫*擎一、一三〇（1184）杯一（1455）杯二（1214）	九	
二	孟孝□	高昌延昌廿一年	瓮*一、三五（1177）盂三镫*一一二四（1399）	五	
三	孟宣住	高昌延昌三年	杯三（1078）瓿二（1350）	五	
五	孟子	高昌延和八年	杯*三、一〇二（1117）盂三杯二（1313）瓿一、五九（1076）		
			碗一杯一（1356）盂一杯*二、一〇五（1375）	一四	
六	孟隆武	唐贞观廿四年	碗一杯二（1261）	三	
八		高昌义和四年	碗一（1257）	一	姓名不明

十六			碗一瓿一（1357）	二	无墓表
			八、曹茔		
一	曹智茂	高昌延昌卅七年	碗一盘一、一一二（1239）瓿一（1240）	三	
五	曹妻苏氏 曹武宣	高昌延寿八年 高昌延寿九年	铜 * 饰 * 二附四（1260）	二	
六	曹怀明妻索氏	唐咸亨五年	杯五（1234）瓿二（1305）瓿二（1306）	九	
苏一	苏玄胜妻贾氏	高昌延昌廿二年			无陶器
二	苏□相	高昌延寿十五年	盂二杯三（1151）	五	
			九、卫茔		
一	卫孝恭妻袁氏	高昌延昌卅三年	瓿一（1138）碗二杯一（1372）	四	
三			盂一杯一豆一（1265）瓿二（1270）瓿一（1391）		墓表字 不明
			瓿一（1392）盂三镫 * 一、一二八（1403）	一一	
六			骨器一（1037）	一	无墓表
罗三	□□罗妻太景	高昌延寿十三年			无陶器

十、袁茔					
一			瓴*二、五七（1231）杯三（1301）	五	无墓表
二	袁穆寅妻和氏	高昌延昌九年			无陶器
十一、唐茔					
一	唐幼谦妻鞠氏 唐耀谦	高昌义和二年 高昌延寿八年	盂**三、八〇八四豆*一、一一八（1397）盂一杯三（1405）瓮一（1111）		
			罂一、五一瓴三（1199）	一三	
二	唐仲谦	高昌延和十年	瓮一瓴一（1206）盂三杯三（1393）盂二杯*二、一一一		
			镫*一、一二五（1407）	一三	
三	唐元护妻令狐氏 唐舒平	高昌延和二年 高昌义和四年	瓮*一、三八（1410）瓮*一、三九（1408）盂四、八五（1365）盂*四（1324）		又一墓表 字不明
			盂三杯二（1114）杯一一（1205）瓮*一、四一（1275）盂*四、七七（1371）		
			瓴*一、三二（1329）碟一杯二（1129）瓶一（1129）	三六	
四	唐忠贤妻高氏	高昌延十三年	瓴一（1207）瓮一（1373）瓮一（1110）杯七（1212）盂*四、九〇（1394）	一五	
五			瓮一（1271）盂四残底一（1370）	六	无墓表

六	唐昙海	唐龙朔三年	泥塑马一附一三（1096）（1109）（1390）	一	原破
七	唐禳	唐上元二年	盆一、二二（1067）碟一、一一四瓿一（1396）	三	
八	唐思文妻张氏	唐永淳元年	瓿二（1172）瓿*二、六三（1222）	四	
九			盂三（1141）瓿二（1204）	五	无墓表
十	唐妻辛英疆	唐贞观廿一年	盂四（1081）碗一碟**三、一一三、一一五（1348）瓮*一（1452）	九	
十一			铜饰*五、附三（1161）	五	无墓表
十二			瓮一（1133）碗四、九七杯二（1202）	七	无墓表
十三	唐神护	唐贞观十八年	豆一、一一七（1173）	一	另有一砖侧刻师唐神护
十四	张氏 唐阿明	高昌延寿四年 高昌延寿十一年	盂三（1186）盂二杯二豆一、一一九（1193）瓿二（1209）		
			瓿*三、五六（1226）盂三杯一（1232）盂二（1378）盂四（1384）	二三	
十五	□氏	高昌延寿四年	罂一、四九（1120）壶一、四六（1180）盂三（1203）盆一、二三（1217）		
			杯六（1219）瓮一（1220）瓿五（1225）瓮一、四〇（1237）杯六（1238）		
			瓿一盂三（1244）盂二（1335）	三一	

十六			瓿二（1079）瓿二（1354）	四	墓表字不明
十八			瓮一（1171）瓶一（1292）盂二（1382）	四	无墓表

十二、马茔

七	□氏	高昌延和四年			无陶器
十七	马阿卷	高昌延昌廿一年	瓮一（1149）盂二瓿一（1323）	四	
十八	马氏	高昌延昌卅一年	盂**五、七八、八一（1150）盂四镫一（1116）盂五（1146）杯九、一〇八（1167）	二四	
B茔二			盂二（1164）	二	无墓表
C茔			盂二杯一（1314）	三	无墓表
A茔一			瓿一（1144）盂四（1148）瓶一、四五（1230）瓿一（1272）瓶一（1285）		图版作刘茔旁A茔无墓表
			盂二杯二（1287）杯四（1300）盂四、九二（1309）镫*一、一二二（1318）		
			瓿一（1319）盆一二一（1066）	二三	
A茔二			盂*三、八三瓿*三、六四杯二、一〇〇、一〇九镫一（1140）	九	图版作唐茔旁第二冢无墓表

十三、刘茔

一			瓮*一、三七（1113）杯*五、一〇六（1134）盂二（1145）瓿一盂一（1155）		墓表字不明
			盂***三、七二、七三、七四（1200）瓿*一、六七（1361）	一四	
二	刘氏	高昌延昌廿七年	杯*二、一〇七镫一、一二〇（1122）	三	
三	刘保欢	高昌重光元年	盂**二、八六、八七杯一一〇四（1264）瓮一、三三（1276）	四	
五	刘住隆妻王延台	唐显庆五年	泥车**毂二附十二泥残*器一附十一（1360）	三	
六	刘土恭	唐乾封元年	泥俑***附十（1356）（1359）	一六	
八			铜*簪一附一铜*钗二附二（1080）	三	无墓表
十四、王茔、索茔、氾茔（附）					
一	王朋显	唐贞观廿二年			未掘墓室
二	王阇桂	高昌延寿十三年			未掘墓室
三	王康师	唐仪凤三年			未掘墓室
五	王阿和	高昌延昌五年			未掘墓室
六	王皮苟	高昌延和十一年			未掘墓室

一	张氏附索演孙	高昌延昌三年			无陶器
一	汜灵岳	高昌章和十八年	瓿**二、五二、五三（1118）瓿二（1381） 盂一杯四（1266）	九	
十五、任莹					
一	任叔达妻袁氏 任氏附夫人袁氏	高昌建昌二年 高昌延昌元年	盂**三、七五、八九（1211）盂二瓿一（1340）	六	
五	任□□	高昌建昌三年	盂二瓿一（1115）瓿一（1197）盂二（1267） 盂二（1279）		
			瓮一（1363）	九	
六	任显文	高昌延昌卅年			无陶器
九	任氏	高昌延昌卅九年	盂三（1376）	三	
十	任□慎妻	高昌延昌十三年	瓿*一、五四（1119）瓿二（1130）盂三（1273） 杯五镫一（1137）		
			瓶一瓿一（1255）盂*三、七六（1296）	一七	
十二	任谦	高昌延和十一年	杯六（1150）碗三（1201）	九	
十四	任阿悦妻刘氏	唐贞观十五年	碗*三、六九杯三（1088）碗四（1147） 碗二杯三（1288）		
			碗二杯三（1362）	二〇	

十七	任阿庆	高昌延寿十年	碗二杯二（1107）盂四（1325）瓿一（1379）碗二		
			杯二（1364）	一三	
二十	任相住	唐显庆元年	瓿二杯一（1249）	三	墓表有二同志一人

十六、张茔

一	张神忠	高昌延昌十九年	盂四（1086）盂三杯二（1091）瓿二（1268）瓿一（1224）		又一墓表字不明
			盂二杯三（1293）盂二（1321）	一九	
二	张买得 买得妻王氏	高昌延十五年 高昌延昌廿八年	盂一（1166）瓿一杯二（1191）盂二（1198）杯二		
			瓿*二、五八（1210）	一〇	
五	张保守	高昌重光二年	盂三杯二（1143）盂二杯三（1192）盂三杯一（1269）	一四	
六	张时受	高昌延和八年	盂一杯二（1387）	三	

十七、麹茔

| 一 | 麹那弹及妻张氏 麹那妻白阿度及女 | 高昌延昌十七年 高昌建昌四年 | 瓿一镫*一、一二三（1152）瓶*一四四（1208）盂二杯三（1366） | | |
| | | | 盂二杯三（1398） | 一三 | |

二	麹显穆	高昌延昌廿四年			无陶器
张一	张阿□	高昌延昌十二年	碗一（1064）	一	
二	张氏	高昌延昌□年	杯一（1065）	一	

丙、沟南

十八、索茔

家别	墓表	年代	器物	件数	附记
一	索显忠 索显忠妻曹氏	高昌延昌卅一年 高昌延昌十三年	盆*一、二五瓿*二六二（1080）碗三（1075）杯六（1135）瓿三（1139）		
	索氏妻张孝英	高昌延昌卅五年	瓮一（1248）瓮一（1252）瓮*一、三四（1277）盂三（1263）盆*一、二八		
			瓿*一盂一杯三（1330）瓿*二六五（1380）盂三（1367）		
			盂二杯一镫一（1388）罌*一、五〇（1395）盂二（1402）		
			铜耳环*一、附五（1402）	四〇	
二	索守猪妻贾氏 索守猪	高昌延昌七年 高昌延昌十二年			无陶器
三			碗*二、九八镫*一、一二七（1105）盂三杯二镫一、一二九（1121）		无墓表

			瓮一盂一（1153）盆*一、三〇（1157）把杯一（1168）		
			盂*一、六九（1213）壶*一、四七（1247）甂一（1253）盂三		
			杯二（1281）碗三（1289）瓶一（1295）盆*一、二四盂*一、九一		
			甂*一、六六碟*一、一一六杯一镫一铜饰*一、附六		
			铁件一、附七（1302）瓮一（1326）碗三杯一甂*一、六八（1368）		
			盂一盆*一、二六杯二镫一（1083）瓶*一、四三（1073）		
			瓶*一、四二（1072）盂**二、七〇、七一（1409）	四八	

附记：凡物名旁有*记号者均有图版

凡物名下右边之号数为图版号数，括弧内之号数为登记号数

凡物名下左边注一、二、三、四等字者为件数

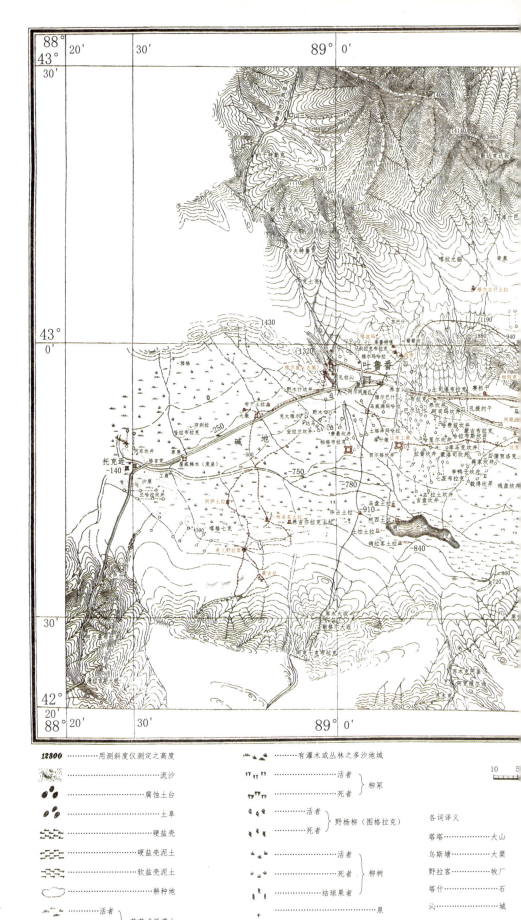

12300 ··········用测斜度仪测定之高度	··········有灌木或丛林之多沙地域
··········流沙	··········活者 } 柳冢
··········腐蚀土台	··········死者
··········土阜	··········活者 } 野杨柳（图格拉克）
··········硬盐壳	··········死者
··········硬盐壳泥土	··········活者
··········软盐壳泥土	··········死者 } 柳树
··········耕种地	··········结球果者
··········活者 } 芦苇或低灌木	··········泉
··········死者	··········井

各词译义

塔塔··········大山
乌斯塘··········大渠
野拉客··········牧厂
塔什··········石
沁··········城

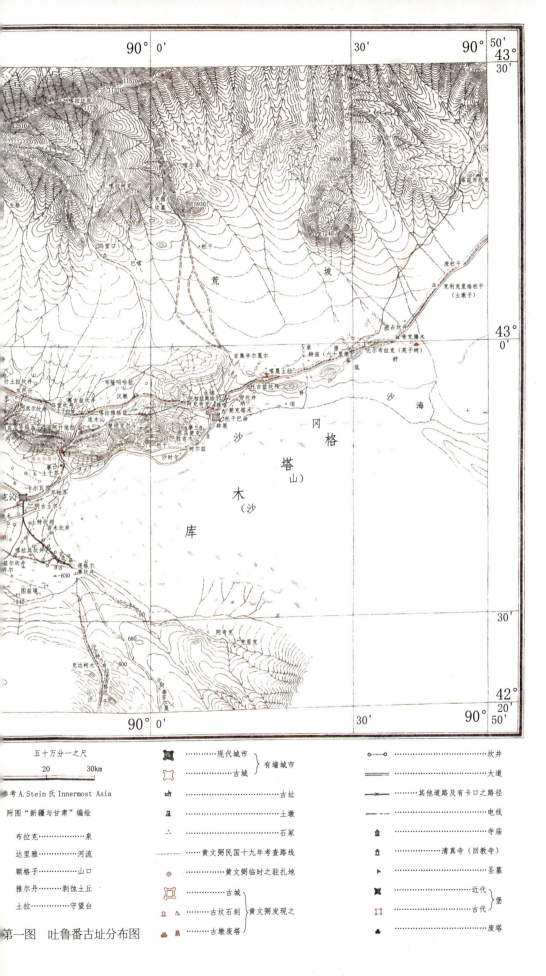

第一图 吐鲁番古址分布图

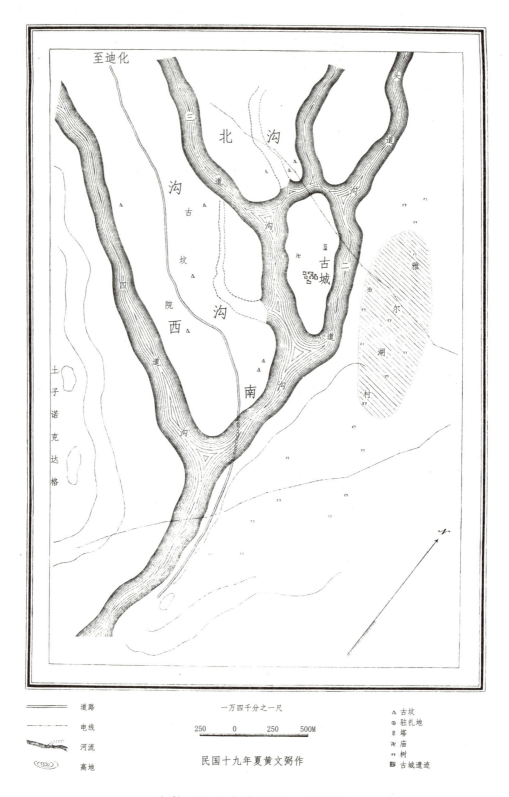

	道路			一万四千分之一尺			古坟
	电线			250　0　250　500M			驻扎地
	河流						塔庙
	高地			民国十九年夏黄文弼作			树
							古城遗迹

插第二图　吐鲁番城西雅尔崖形势图

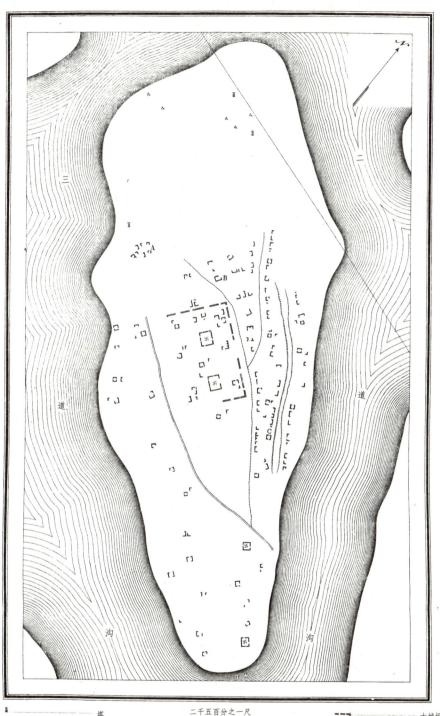

说明：A、B、C工作地点

插第三图　雅尔崖古城图

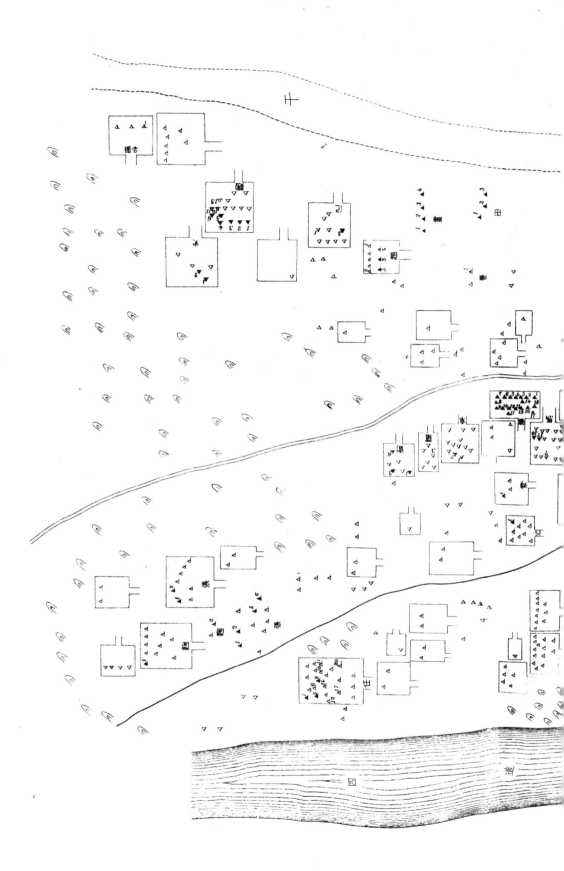

插第四图　雅尔崖沟沟西古坟茔分布图

N

道　路
河　沟
古　冢
土　坯

▲ 有陶器及墓砖
△ 有墓砖无陶器
▲ 有陶器无墓砖

民国十九年夏黄文弼作

0　　47　　94　　141　　188m

沟

沟

劉

蘇

37

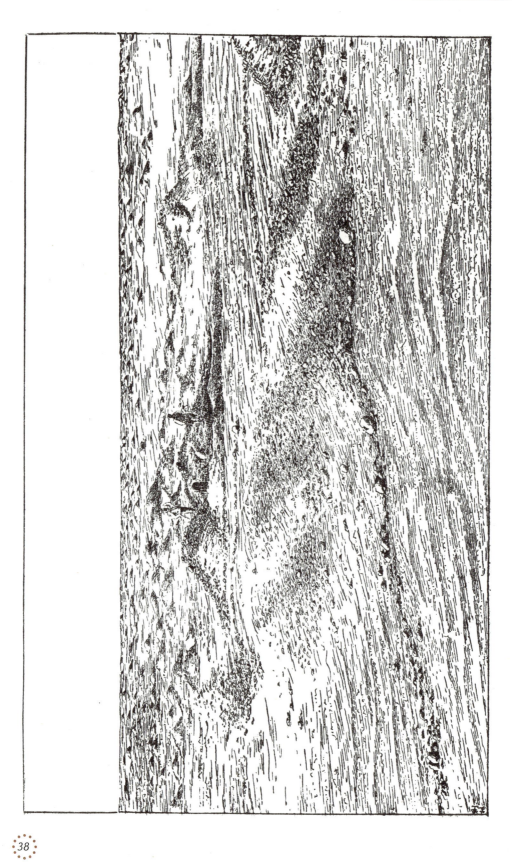

插第五图　沟西古坟茔之展望

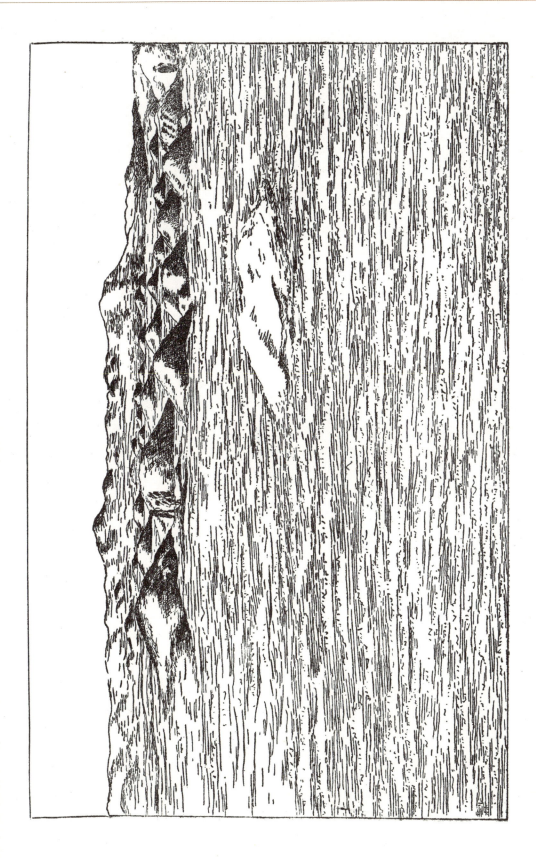

插第六图　沟南古坟茔之展望

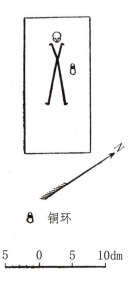

铜环

5　0　5　10dm

插第七图　沟北沙梁北
第一冢墓室图

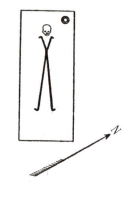

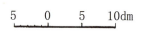

铜片

5　0　5　10dm

插第八图　沟北沙梁东
第二冢墓室图

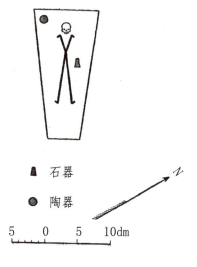

石器

陶器

5　0　5　10dm

插第九图　沟北沙梁东
第三冢墓室图

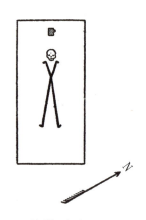

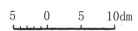

陶器（把杯）

5　0　5　10dm

插第一〇图　沟北沙梁西
第四冢墓室图

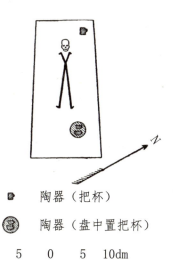

陶器（把杯）

陶器（盘中置把杯）

5　0　5　10dm

插第一一图　沟北沙梁西
第五冢墓室图

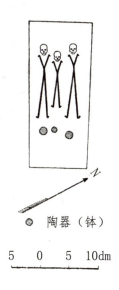

陶器（钵）

5　0　5　10dm

插第一二图　沟北沙梁西
第六冢墓室图

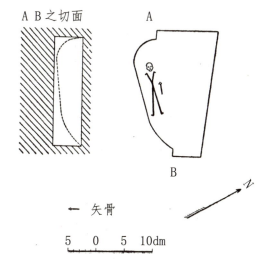

ＡＢ之切面　　　　Ａ

Ｂ

← 矢骨

5　0　5　10dm

插第一三图　沟北沙梁西
第七冢墓室图

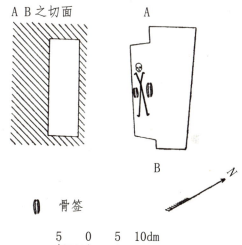

ＡＢ之切面　　　　Ａ

Ｂ

骨签

5　0　5　10dm

插第一四图　沟北沙梁西
第八冢墓室图

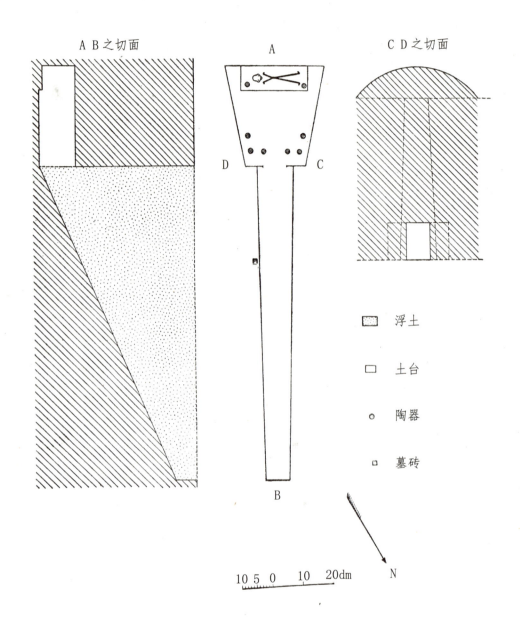

AB之切面　　　　A　　　　CD之切面

D　　　C

B

浮土

土台

陶器

墓砖

10 5 0　　10　20dm

N

插第一五图　沟西麴莖第二冢墓室图

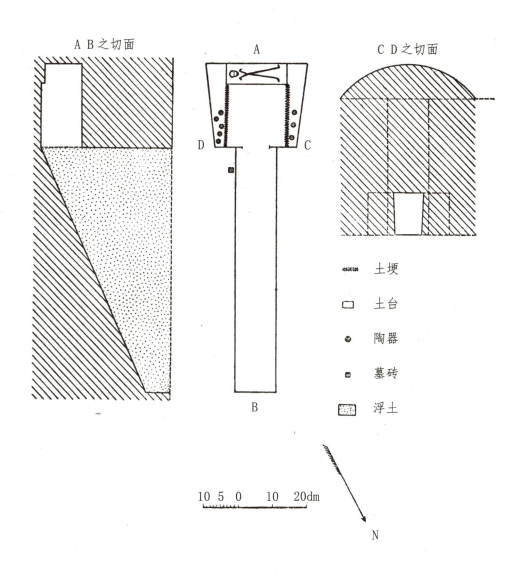

插第一六图　沟西魏莖第三冢墓室图

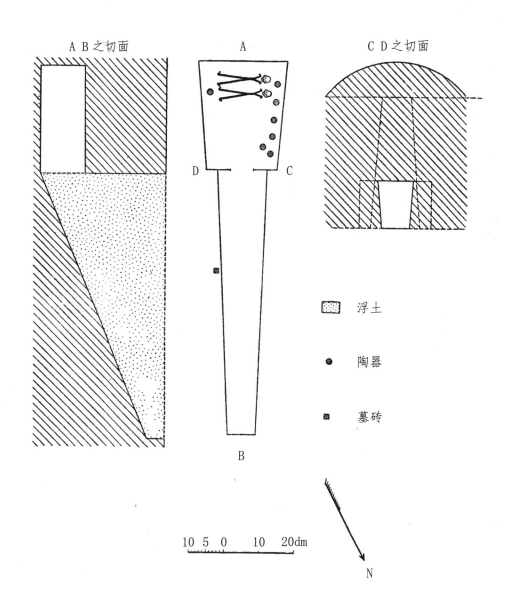

ＡＢ之切面　　　　　Ａ　　　　　ＣＤ之切面

Ｄ　　　Ｃ

Ｂ

浮土

陶器

墓砖

10 5 0　　　10　20dm

Ｎ

插第一七图　沟西史茔第一冢墓室图

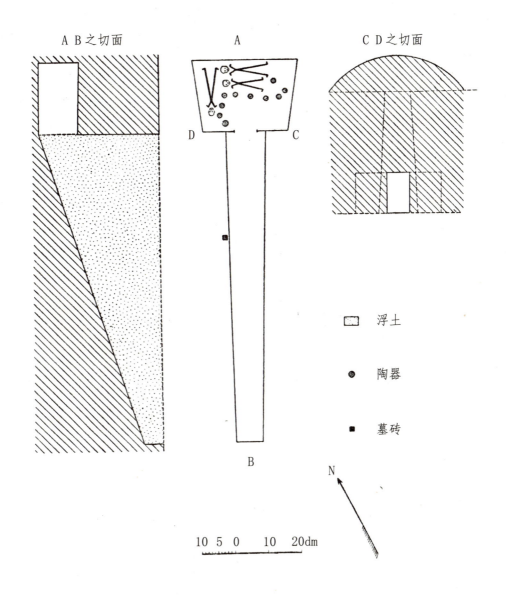

AB之切面   A   CD之切面

浮土

陶器

墓砖

N

10 5 0   10   20dm

插第一八图　沟西唐茔第三冢墓室图

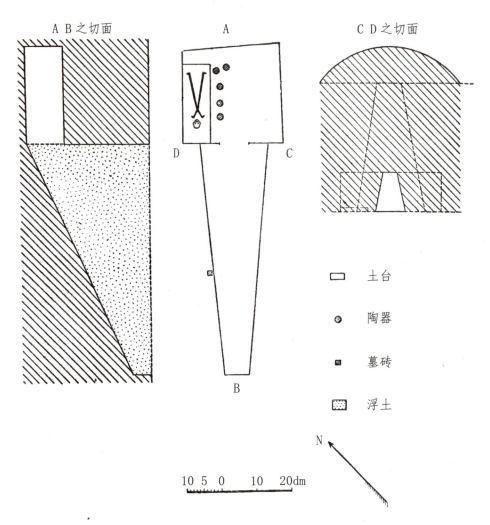

ＡＢ之切面　　　　　Ａ　　　　　ＣＤ之切面

D　　　　　　C

B

☐　　土台

◉　　陶器

▨　　墓砖

▦　　浮土

N

10 5 0　　10　20dm

插第一九图　沟西唐茔第四冢墓室图

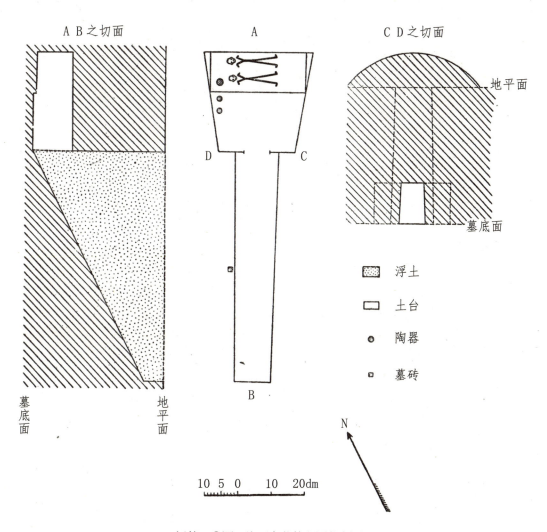

AB之切面　　　　　A　　　　　CD之切面

地平面

D　　　　C

B

墓底面

墓底面　　　　　地平面

浮土

土台

陶器

墓砖

N

10 5 0　　10　20dm

插第二〇图　沟西唐茔第七冢墓室图

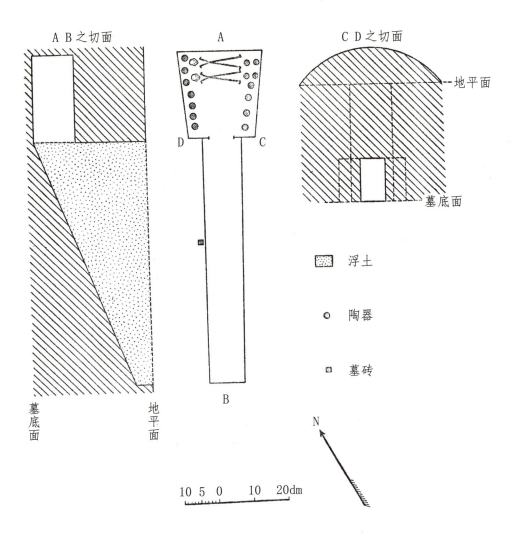

AB之切面　　　　　　A　　　　　CD之切面

地平面

浮土

陶器

墓砖

墓底面　　地平面　　　　B

N

10 5 0　　10　20dm

插第二一图　沟西唐茔第一五冢墓室图

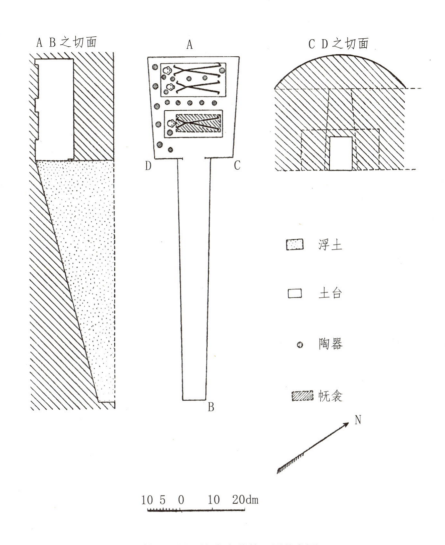

ＡＢ之切面   Ａ   ＣＤ之切面

Ｄ   Ｃ

Ｂ

浮土

土台

陶器

帆衾

Ｎ

10 5 0   10 20dm

插第二二图 沟南索茔第三冢墓室图

/ 二 /
雅尔崖古冢中遗物图说

余在《雅尔崖古坟茔发掘报告》中，已说明余在雅尔崖古坟茔工作之地点凡三：一为沟北区；一为沟西区；一为沟南区。其工作情形，已详上述。但其所发现之遗物，以陶器为大宗，由其形制、色彩及时代之研究，两相比证，知沟北为一类，沟西与沟南为一类。故余编次图版，与解说遗物，亦分沟北与沟西为两大部分。复以其器物之相同者，按类排比，以作比较研究之资料。又在原器下，注明尺寸，及出土地点，有真确之时代亦注明。至于每器之形制花纹，则总说于此，藉作研究之资料焉。

甲　沟北

一、陶瓶类

单耳瓶　第一版，第一图，插第一、二图

红地，中含石子，质细匀。围厚八糎。口薄，颈略高，鼓腹，圆底。有一耳，扁平，为椭圆形。上宽四〇糎，下宽二三糎。中空直八〇糎，横二五糎。上端与口缘紧接，略隆起，反卷及腹，适容四指。盖当时人民用时以拇指压耳之隆起处，与四指合握之，以为汲灌之用也。器里底部有纵横草纹。内外光平，疑为模型所制也。原胎作浅红色，间露橙黄色，外染深红色之彩衣。其法，当由原胎造成后，晒干，或略经烘烧，再浸染红色浆液，由底及腹，其腹部浸染时之漫延状况犹存，与其他各器之用器具涂敷彩衣者有异。浸染后略干，再墨绘花纹。颈口部之未受浸染者，则刷白色彩衣，其刷刮之纹理，均上下行，且掩盖口部花纹，是颈口先有花纹，再刷彩衣，至为显然。

此器花纹，腹部绘三角形，空间缀以密集之并行线，连及底部。颈项有黑弦纹一道作栏，口缘亦绘有黑线栏，并水波纹。按此器花纹，与中亚细亚及河南、甘肃出土之陶器花纹，有相同处，拟另文述之。

二、陶钵类

圆底浅钵　第二版，第二图，插第四图

红地，中含石子。口宽平，约一〇糎。唇外出，约五糎。圆底，无足。底较四围稍厚，内外光平，外涂敷红色彩衣，多有剥落。其彩衣与里质微异，里质为黄色黏土所成，外层之红色彩衣，乃用着色浆泥敷涂其上，再以具刮磨，使成纹理，与第一图就原胎加染者不同。即与沟西陶器外围涂抹黑色者亦异。今由其匀落之迹，可以证明也。又与此器同出土者，尚有石斧一件（附录第一图），在时代之研究上，颇有意义，拟另文述之。原破为九，现已胶合完整。

圆底浅钵　第三版，第三图

红地，质细结，中无石子。口宽平，约一五糎。唇外出，约八糎。底圆而厚，约二〇糎。周围约一〇糎。颇笨重。盖盛食物及饮料，重心在底，庶免倾欹也。内外敷涂绛色彩衣，刮磨成纹。口边间发青色，及焦黑色，或为熏烤所致。形式凹凸不一，原破为二，现已胶合完整也。

圆底浅钵　第四版，第四图，插第六图

红地，质细，不含石子。口宽平，约一五糎，唇外出，约四糎。圆底无足。内外皆敷涂红色彩衣，刮磨成纹，均同上图。惟此器原破，在破缝两旁，穿有圆孔七，两边相对，因当时侧缺一角，故重钻一孔，适成为七。其孔均里大外小，微斜，直径约五糎，显系用绳索以缝合其破损也。其孔既外小内大，则钻孔之具，必为一尖锐之器具自里面车旋而入。故孔之出口，均有破损者因此。现市上缝补磁器破损之法，亦用钢钻穿孔以铜绊钉补之，疑为古时之遗法。外围有烟熏遗迹，或烘烧时所致也。

圆底浅钵　第五版，第五图，插第五图

红地，质粗，中含石子。口宽平，约一八糎。唇外出，约一五糎。圆底无足，且甚厚。里外作浅红色，不敷涂彩衣，惟间有刮磨纹理。底围间露橙黄色，及焦黑色。器质笨重，略有剥蚀。底浅，类古之盘洗。兹为称谓方便计，仍入钵类。

平口小钵　第六版，第六、七图，插第三、七图

两器均为红地。口宽平。第六图宽约一三糎。第七图宽约一〇糎。形小且浅如盘状。第六图，质细，不含砂子，里外光平，敷涂红色彩衣，刮磨成纹。里边缘有不规则擦划痕迹，或由烘烧时为薪柴所刺划也。底缺一孔，现用石膏补全。第七图质粗，中含砂子，内外敷涂之彩衣已剥蚀殆尽。边缘因烟熏之故，已成焦黑色。表示在炉灶前有长久之历史者。初发现时，器里留存沙土，除去后，现白色遗物，疑当时为陈液体之物者。口唇微破，但亦粘着白色物。盖墓中所陈器物，或为新器，或为生时所用之旧器，死时即以此为殉。此器口缘破处所留之白色物，可证其为生时所习用之器也。

平口小钵　第六版，第八图至第七版第一〇图，插第八至第一〇图

第八图，红地，质细，略含石子。内外敷涂红色彩衣，口边微发青色，表里不平匀。疑为手抟法所制。口宽平微仰。底略平，无足。第九图红地，中含石子，口破，中显黄土原色。内外敷涂红泥彩衣，刮磨成纹。凡沟北红地陶器多如此。由此器之破裂处，其敷涂之彩衣，厚约一糎，更可证明彩衣为另行敷涂之着色泥浆也。口宽平。微带唇。底略平无足，口与底成直角，与上图口与围成钝角，而为圆底者，有异也。第一〇图，口宽平，下围渐杀，底圆成半圆球形，有红色彩衣，无刮磨纹，彩衣亦多被剥蚀也。

俯口小钵　第七版，第一一图

以上诸器口唇均宽平。此为削口，且微俯。腹部堆砌莲花瓣七。此瓣系另附合，由其剥落处，可以考见。又其原胎上有用尖锐之物刻划瓣纹，疑为敷瓣时之标准。瓣既附着，再经修饰，涂敷红衣，然后付火烘烧。此器形状花纹，及其制造之术，与上图均不类。盖由原胎另加隆起植物花纹，为艺术上之一进步，时代当较晚。否则为外族文明之侵入，非本土所固有也。盖莲花产于印度，佛教美术多以莲花作饰。新疆本地，固不产莲，南路竟绝迹，决不能意想以莲花为饰也。又钵本印度之器。按《稗史类编》云："钵本天竺国器，梵语谓之钵多罗，汉云应器，省言钵，西国有佛钵是也。"（《格致镜原》卷五十一）按宋明人图绘佛祖手中所持之钵，其形正与此同也。

以上诸器，除第八、第九，底略宽平，余皆圆底无足。盖当时以陈饮料，如酪浆之类是也。《说文》无"钵"字，字当作"盋"。《汉书·东方朔传》："置守

宫盂下。"颜师古注："盂，食器也，若盌而大，是今之所谓盉盂也。"（《前汉书》卷六十五）《说文》："盂，饮器也。"字又通作杅。《士丧礼下篇》："两敦两杅。"郑注云："杅以盛浆汤。"则盉古时亦以之盛浆汤可知。现内蒙古、新疆本地人所用以盛浆液之木碗，其形式均与此同。行时则置于怀，当时尚无木碗，故以陶盂代之。且便烘烤。例如六版第七图，口边烟熏之焦黑色，皆其证也。又此类陶器，本可定为盂。因与沟西之盂相混，故以沟北之圆底者定为钵，沟西之俯口者定为盂，便区别也。

三、陶杯类

桶状把杯　第八版，第一二图

红地。薄口，口径与底径同大。四围圆卷成桶状形。外面敷涂绛色彩衣，刮磨成纹。皆上下行。里面作淡红色，且不光平，敷泥亦不均匀，疑为手抟法所成也。腰部着一柄，中空，就原胎刻削而成。柄之里面微陷，柄之外面有磨擦纹。盖刻削成柄后，再施以磨擦之功。柄之两端附图处，上宽约三〇糎，下宽二五糎，其中曲处，仅一五糎。扁形，中直空约二二糎，适容一指。下距底约二〇糎，亦适抵一指。盖为当时人民之饮具。以食指纳入柄空，以拇指压之，再以中指抵其下唇，送茶入口。近世茶杯形状亦同于此。盖人民之习惯，古今未尝有异也。

桶状把杯　第八版，第一三、一四图，插第一一图

红地。两器形式纹理均同第一二图。惟此器内外平匀，其里围与底部，显有接合痕迹。其接缝处有压纹一线，以弥缝其接口。再底与围厚薄不匀，故余疑为分工合作而成也。第一三图，为淡红色，一四图则作绛色。两器四围，均微有烟熏之焦黑色，疑皆为炉旁烘烤所致也。

桶状把杯　第九版，第一五图

式样颜色，均同前图。外有刮磨纹，里为手抟法所制。略欠平匀。里底及四围下半，涂敷灰白色泥浆，以弥补接缝者。外围敷涂浅红色彩衣，有方块，成紫绛色，显为两种深浅不同之红泥所敷布。盖此类红色彩衣，皆为人工以颜料与泥浆掺杂和合而成，故深浅不能一致。调和均匀后，再用木具或骨具，逐渐涂敷平匀，再刮磨成纹。又此杯在土中为沙土所填满，中杂牙骨及朽腐木屑，与木炭。检视有白齿四，及零碎骨片十余。盖当时习俗以肉类饷死者，肉化而骨存耳。

桶状把杯　第九版，第一六图

形式同前。红地，中含砂子。口缺，内外有黑斑点，盖因受土中剥蚀之故。有一部分发焦黑色，疑为烘烧时所致也。

桶状把杯　第九版，第一七图，插一二图

形式同前，特大。红地，中含石子。外面磨光，内为手抟法所制，极不平匀，缺陷凹凸之迹亦甚多。与底相接合处，亦显露凑合之迹，与前数图同。外作绛色，有一部分发青色，原缺，现补全。

圆底把杯　第一〇版，第一八图，插第一三图

红地，质细结。圆底，大腔，颈口微小，与腔成锐角形。薄口，口缘微卷，形同酒卮。亦为当时人民之饮器。腹部有柄，柄圆，反卷成圈。中直空约二二糎，适容一指。其用法当与把杯相同。柄与器有接合痕迹。盖亦用分工合作之法也。与上图柄与器为一手所抟成者有别。又此器内外光平，盖为陶钧所制。里底有指大之擦痕，或为人工所留。口缘有刮磨纹，形式颇精致，原破缺，今修补完全。

碗状把杯　第一〇版，第一九图，插第一四图

质粗，为青石子与沙土和合而成。内外均不平匀，系由手工制成后，再涂敷红色泥浆，厚约一糎，复刷擦光平。其刷擦之迹犹可见也。底及器之一面发灰黑色，系经炉火之煨烤者。盖此类陶器，原为温暖饮料，或食物之具，现在北平一带熬药煮茶之瓦罐，其形犹同此。有圆柄，已残缺。

把盏　附　第一〇版，第二〇图

红地，质粗，中含石子。外不着色。浅口微缺。圆柄。柄之一端与口缘齐，反卷成圈，适容一指。与今之灯盏状同。盖亦为当时人民盛膏油为燃照之器也。以其形同杯状，且均属陶质。故附次于此。

附录　沟北

一、石类

石斧　第一版，第一图

石质，磨制光平。作长方形。一端略阔。斧刃有打制痕迹。一端稍锐，亦曾经打制者。

斧身有许多纵横擦纹，疑系经过一时期之遗弃，与水石相冲激而成者。又斧面有黏液秽物，或仍为一时人民所应用。故此石器是否为石器时代人所遗留尚属疑问也。

二、骨类

骨签　第一版，第二、三图

骨质，黄色，薄平。共计两副。第一副，上宽下削。阳面微隆起，阴面磨平。上端有半圆形之缺口，径约七糎。下端划有邪纹，及四方格纹。中略曲。两根正反，可合为一副。宽度缺口，及曲线，均无差异。似为一骨之剖为两半者。又其缺口两旁，有作斜度之磨擦痕，宽约六糎，显为经过长久之使用者。两枚擦痕之方向同，斜度正相接，则当应用时，两枚合而为一，由此可以证明。其顶端亦有磨擦痕。除此外，则皆粗糙，及制作时之切磋纹。因此，余推断应用时，为上端之一部分，必有皮质或毛质绳索之类，圈系缺口，而显其活动之机能者。因其磨擦之角度不大，故其骨签本身，或所缀系之物，其俯仰亦必不甚剧烈。但其用于何物，讫未能明。余初以此器适在死者身旁，即腰部，疑为缀衣裳之用。即《广雅·释器》所云之籅簪。《太平御览》引《集韵》云："镤缀衣细竹也。"《士丧礼》云："簪裳于衣。"郑注云："簪连也。"皆其证明。后检《天工开物》论织工之穿经云："凡丝穿综度经，必用四人列坐。过筘之人手执筘把，先插以待丝至。丝过筘，则两指执定，足五七十筘，则绽结之。不乱之妙，消息全在交竹即接。"现乡中旧式织布机，插筘度经时，所用之筘耙，俗名筘签，其形式与此正同。则此或即当时人民编织时所用之器具，亦未可知。余虽未能举出其他证据，证明此地当时人民工艺程度若何，是否能有编织之技能，如《天工开物》所述。但余在他处如三堡旧城中，及库车一带，曾觅得木纺具数枚，及瓦质之纺维车若干。亦可证明西域当时人民，已进入于纺织时期也。第二副形式骨质均同。惟色略白，阴面划四方格纹，形式且较长也。

骨矢镞带木干　第三版，第四图

矢镞，骨质，白色，形尖锐，中空。干，木质，一端略尖，适纳入骨镞空中。按镞有用铜者，有用骨者。《尔雅·释器》云，金镞翦羽谓之镞。骨镞不翦羽谓之志。盖镞犹候也，候而射之矢也。金镞用之于田猎，故翦羽使之重也。志犹拟也。骨镞用之于习射，故不翦羽，使轻重适均也（约《尔雅义疏》文）。是骨镞与金镞，其形式虽同，而用法各异。此矢为骨镞，尚带木干，疑当时以此为习射之用也。

三、铜类

铜兽环　第三版，第五图

铜质，椭圆形。中有结，形成上下大小二圈，上圈圆形，直径约八糎。下为椭圆形，直径约三〇糎，横径约二〇糎。边之一面隆起，一面洼入。宽约五糎。下边中穿一孔，疑为钉系之用。中结隆起处，铸为兽头像，眼鼻俱全。以接环。额隆起两乳状。其形式极类中国古铜器上之兽头衔环。尤其在壶之腰腹间，着此装饰者为最多。其上圈磨擦痕甚大，亦系经过长时间之使用者。故此或为缀于衣带间，用以系物者也。

乙　沟西及沟南

一、陶盆类

兽形足盆　第一一版，第二一图，插第一七、一八图

青灰地，中含石子。平口，厚同围。里部青灰色，有由旋转而成之细擦纹。外围涂黑，在光平之泥胎上，涂敷极细青泥一层。薄处约二糎，厚处约五糎，浮砌各种之雕塑形像。盖先检拾由型范制成之图像，满布四围，再涂敷青泥，使形像不致脱落。然后迹印团状花纹于四周。观形像隆起处，与原胎颇不胶合，其堆砌之迹甚为明显也。底部显露细黑石子，盖未经刮磨，或涂染彩色者。有三足，高约四〇糎，均为兽之前部。耳目口鼻，及前两足均备，三分鼎立，背负此盆。由足与盆之接隙处，显露团状印纹。合口处，敷涂青色泥痕。则兽形足，亦必先由型范制成后，再附器上可知也。且其底之泥色，与兽足泥色，亦不一致。底为青色，足则为浅灰色。底与足接合处，其人工敷砌之迹，尤甚显然也。一切装置既竣，再涂抹黑色，连表及四围花纹均同。又四围花纹上，间点红色。兽足、口部及舌，则染朱色。至于四围形像之名称，欲精密考释，至为困难。盖泥质粗疏，且经千余年之剥蚀，眉目已失其鲜明。今相度形式，参稽《中国古器物之刻绘》，略加说明，以为识别之资料耳。今据此器之展开图（插第一八图）自左至右为说。第一形，为龙。身躯横长。头额及顶有长须。颈长而曲，作昂首状。口部微缺。四足着地。前一足前伸，后一足后蹬。尾略垂，作行动状。据《唐八卦铁镜》及《十二辰铁镜》（《博古图》卷三十），所绘龙形，与此略同。普通画龙形有二：一作盘绕状，有鳞甲，如《唐二十八宿铁镜》

（同上）是也。一作行动状，纯素无鳞甲，如此器是也。第二形，为团状，中刻何物，已漫灭不可辨识。但似为一动物形，有两足，头目似作回顾状。第三形为猿猴。头目已损。两手扬起，一足后伸，一足前行，作舞状。《唐八卦铁鉴一》所绘之猴像，为十二辰中申之肖兽，次于羊与鸡之间，与此像姿态略同。一说为人像，然其姿态有异。第四形，为虎。横身昂首，四足着地，尾伸出作行动状。有两耳，满身镂刻条纹，与《唐四神鉴二》（《西清古鉴》卷四十）之虎形相似。第五形，亦为猴。箕坐，两手抱膝。头目一面微损，但尖嘴圆眼，极类猴像。身及手足均涂红色，岂表示其衣服耶？第六形，为马。四足着地，作走状。长颈，俯首。有耳，尾下垂。《唐凤马镜》（《西清古鉴》卷四十）及《唐八卦铁镜》，《四灵铁鉴》（《博古图》卷三十）所绘之马像，均与此相同。第七形，为鸾，或朱鸟像。头有冠。长颈。两足，三爪。两翮作飞状。尾长而直起。初疑为凤，但凤尾疏散，末渐细。顶毛茸丛，如《唐凤龟镜》（《博古图》卷三十）皆然。此则尾粗竖起如雄鸡。后检《唐双鸾镜》（《西清古鉴》卷四十）所绘之鸾，与此正同。故此像当为鸾。又朱鸟像亦与此同（见《汉石刻》）。第八形，亦为猴。头损，未能明其形貌。箕坐，两手抱膝与第五图同。全涂红色。第九形，为牛。有两角而曲。四足着地。尾下垂，作徐走状。《唐八卦铁镜》及《十二辰镜》（《博古图》卷四十）所绘之牛像，均与此同。第十形，为狮。头额微损，鼻口尚可见。面向前，四足着地，作徐走状。尾竖起，当是狮也。按中国古无狮名。《尔雅·释兽》作狻猊。郭璞注："狻猊，即师子也。出西域。汉顺帝时疏勒王来献犎牛及师子。"郝懿行云："狻猊合声为师。"是狻猊与师为一物之异译。皆西域语也。第十一形，亦为猴。箕坐，有尾，两手抱膝。头额微损，耳目尚可见。与第五、第八两形相同，其大小亦相若，疑为一型所出。惟此有尾，彼二形之尾，或因残缺而失去。然因此可证明以上二形，皆为猴形也。以上共十一图，环列器之四围。又其空隙处满布团状物。每团圈内有米粒状十一，疑为果实如葡萄之类，或米粒之形。三兽形足，其状相同。大口，舌伸出。高鼻，目深入，有两耳，疑为狮类，或犬类。关于此类足形，余在库车、和阗故址中，尝拾残件，初不知为陶器足。今由此器，方知其用处。由此吾人可知类此形式之器物，已布满西域矣。

兽形足盆　第一二版，第二二图，插第一五、一七图

此器形式，与上图大致相同。但上图泥质为黄沙土所成，故地带浅灰色。此器为青沙土所成，故地带青灰色。由其裂缝及剥蚀处可以知也。其埏埴方法，与上图

相同，兹不重述。惟里底此有如猿猴状之动物一，及同心双圈花纹。彼则纯素无纹，其形式彼深此略浅。口微仰有唇。外染红衣，里面之上半围，亦涂红色，与上图外涂黑色，里为纯素之灰色，有异也。至于四围图像名称，其第一形，为羊。四足两耳，尾短垂，作徐走状。为上图所无。第二形为牛。四足，长尾下垂，头有角，作徐走状。与上图第九形相同。第三形，为猴。作箕坐状，两手抱膝，头偏视，有尾，与上图十一形相同。第四形，为鸾，或朱鸟。尾粗，竖起，嘴喙翅，两翻作飞舞状。两足已缺。全形与上图第七形相同。第五形，为龙。昂首作走状，与上图第一形同。第六形为虎，与上图第四形同。第七形缺。第八形为团状。与上图第二形同。以上计八形，每形之旁，满布镂刻之同心双圈，或为椭圆状之花瓣形。与上图为米粒状者不同。其里底之猿猴状动物，为两手扬起，一足后蹬，一足前行，作舞状。与上图第三形相同。大小相等，疑为一型所出。兽头旁，有同心双圈一。腰部及胯下有椭圆形之花瓣状各一。浮砌于里底之中间，以作装饰者也。综合二一、二二两图，其形像有同有异。第二一图共十一形。一龙，二团状物，三猿猴，四虎，五猴，六马，七鸾，或朱鸟，八猴，九牛，十狮，十一猴。内有猿猴类四，重形二，不同形者为九。此器连里底亦有九形。一羊，二牛，三猴，四朱鸟，五龙，六虎，七缺，八团状物，及里底猿猴状。第二一图与第二二图同形者七，牛、猴、鸾、龙、虎、团状物，及猿猴状。其异者，第二一图有马、狮，无羊。第二二图有羊，无马、狮。第七形之缺处为长椭圆形，亦必为猿猴之类，决非马狮也。其相同者形态大小相同。盖每形，其横者，长约六〇至七〇糎，高约三〇糎。直形者，高约五〇至六〇糎，宽约三〇糎。又以每形旁涂泥之痕迹，彼此互证，知各形像如马、牛、羊之类，为已经制就之原型，随陶人任意检取敷设，初非有若何义意。故第二一图，猿猴类至重三形之多，共计十一形。而第二二图则只九形。盖第一器较第二器为大。因器物之大小，故所需用之形像，亦有增损也。

驼蹄足盆　第一四版，第二三图，插第二〇图

红地，中含石子。内有辘轳纹。平口，厚同围。平底，有三足。高约四〇糎。足与底接合处，有敷涂泥浆痕迹。足蹄圆而外伸，类驼足。四围镂刻各种花纹，外涂抹黝黑色。其剥削处尚能见红土原质。涂抹淡处显现青灰色。里满涂红。里底留存朱色一层，尚能染指。疑为殉葬时盛食物以朱敷底者。一说此器原为盛朱之用，尚无佐证。至于四围刻镂之花纹，腹有水平双弦纹一，水平纹上为曲线形成之植物花朵十八，连缀成图案，刻划甚工。《中国唐铜鉴》尝有类此花纹，习称为宝相花（《西清古鉴》卷四十）。花朵之上，近口缘部，有弦纹一。上缀圆圈，骈列为带。水平纹下，有波纹二道，每道以四弦纹，等度曲折刻划而成，急徐不一，必以齿状物，随钧车之旋转所刻划也。

驼蹄足盆　第一五版，第二四图，插第一九图

青灰地。外涂浅黑，里涂红。里外均有辘轳纹。口平，厚同围，底平，底围接合处，有刀削斜纹一条。有三足。足蹄外伸，与前图同。故亦定为驼蹄足。足甚短，高约二五糎。围上下边缘各绘红色弦纹一。腹部绘红色圆圈六，直径约一一〇至一二〇糎。环列四围。彼此不续，亦不与上下弦纹相切。每圈内含红色同心半圆圈。缺口向下。或谓此像为图写自然界现象，如日月之类也。

驼蹄足盆　第一六版，第二五图

青灰地，外涂浅黑。内有辘轳纹。口外缘及腹部，各绘红色弦纹一道。腹部弦纹上下，绘红色同心半椭圆十三。上部每圆直径约五六糎，横径约七〇糎。下部直径约八〇糎，横径约七〇糎。彼此相续，圆线相切，而成一美丽图案。底部有三足，足甚短，高约三七糎。足掌外伸，似驼蹄。盆底外边有泥合之迹。盖底与围系由两件接合而成也。

牛蹄足盆　第一七版，第二六图

青灰地。平口。口围等齐，作桶状形。内外均有辘轳纹。底平。底围接合处，有刀削斜痕一条。足颇高，约七四糎。足跟隆起如县疣，像牛蹄。四围涂漆墨，内满涂红。《韩非子》曰：“禹作祭器，漆墨其外，朱画其内。”（《御览》七五六引）睹此器，宜信然也。口与上围各绘红色弦纹一道。弦纹上，似含有若干粉点，现已脱落，弦纹下，绘红色同心半椭圆六，圆直径约一五〇糎，宽亦一〇三糎。中含一直线与弦纹相切。又圆与圆各不相续，与前器微异。

牛蹄足盆　第一八版，第二七图

灰地，内有不规则裂纹两道，在裂缝之间，有用深灰色沙泥涂敷裂缝遗迹。疑原形本有隙，以人工涂缝后，经猛烈火力烘烧，遂成三分宽之裂缝也。外围涂黑，里部口缘涂红，外围上下各有红色弦纹一道，中绘红色圆圈七，一为单圈，余均为同心双圈，内四圈彼此相连，上下均与弦纹相切，三圈彼此不续，上下亦不相切，盖涂画时随意伸缩增减也。每外圈直径约九〇糎至一〇〇糎，内圈约五〇糎至五五糎，底平三足，一高约八二糎，余微短约七〇糎，故成倾斜状，足发青色，纯素，与底围颜色不一致，显为另行附着也。

牛蹄足盆 第一九版，第二八图

青灰地，里满涂红，外涂黑。里有辘轳纹。平口与围等厚，与底成直角。形制颇卑，腹绘花纹已漫灭。现可见者，惟红色竹叶状纹。旁有粉白同心半椭圆遗痕两道。中含粉白圆点，或初为粉绘，经久脱落者，故疑其花纹形式，当与二五、二六两图同式。底平，三足，而短，高约五六糎。蹄状与二六、二七同，故仍取牛蹄足为名也。

牛蹄足盆 第二〇版，第二九图，插第二一图

青灰地。里满涂红，外涂黑。口平。边缘有裂缝达底。里外均有旋转擦纹，及浅辘轳纹。外围腹绘红色弦纹一道。弦纹上绘红色圆圈八。直径约八〇糎至八五糎，横径同。内含同心半圆圈，缺口向上。每圈均与弦纹相切。外有红直线间之。满布粉白圆点。弦纹下绘红色曲旋纹，每曲均另起旋卷纹，满布白粉点。后半已漫灭，不知是否为一线所组成。在《中国古铜器》中如周旋云鼎（《博古图》卷五）、周瓠尊（《博古图》卷七）。腹部之花纹与此类似。但有繁简之别耳。底平。有三足颇高，约九二糎，蹄与前数器同也。

羊蹄足盆 第二一版，第三〇图

青灰地。外涂浅黑。半被剥蚀，口缘浮着咸质，口平，带唇，与以上诸器微异。外围腹绘红色同心半椭圆四。横径约一八〇糎，至二七〇糎。直径约一四〇糎，至一五〇糎。圆与圆彼此相切。上下无弦纹。底与围接合处有刀削斜痕一条。三足，高约八〇糎。腿外张，取曲膝形，蹄画直线五，似羊蹄。底平。足与底有接合之迹。亦器成后附加足，与前器同一例也。

上盆类十器，均有三足。有作兽形者。有带兽蹄形者。其真实用状不明。但均置于死者头部或足部。每一死者只有其一，或二，表示极尊贵之意。余按古传记，以此为炊饪之器。《礼记·礼器》云："盛于盆，尊于瓶。"郑注云："盆，炊器也。"可为例证。盖此器有三足，与鼎相同，但无耳。鼎为炊饪之器，则此器之效用，当亦相同。故余据以定名。盆又以盛水者，则口大而浅，其形甚卑，与此微异。一说此当名为三足炉。吕大临《考古图》中所载之香炉，其形式与此正同。但余未发现器中焚毁之灰烬，不能证明果为焚香与否。略述之以备参考。

二、陶甑类

漏底甑　第二二版，第三一图，插第二二图

青灰地。质细。外涂浅黑，里口缘及上围涂红。里底留黄色物遗渣，厚约一糎。底平无足。底穿大孔五，孔径约三〇糎。底边刀削成斜面形，宽约二五糎。圆口，唇微出，唇下略突。腹绘粉白曲旋纹，中夹红点。旁有不规则之曲断纹，惟多漫灭。此与二九图之花纹相同，惟彼无曲断纹耳。

漏底甑　第二三版，第三二图

青灰地。质亦细。纯素无彩，下腹有烟熏遗迹。底平无足。底穿大孔五，直径约三〇糎。小孔三十二，直径约八糎。圆口，唇外出，下略突。底边斜面如三一图。口及里缘，满浮咸沫。按甑为古饭具。《器用旨归》云："甑所以为炊饭之具。古者甑瓦器，陶者为之，今以木，后世之制也。"（《格致镜原》五二引）盖炊饭时，置甑于鬲或釜上。鬲以受火，其烟及于甑围。故甑外之熏黑，即此故也。甑底细孔，即所以受器。上图里底遗渣，疑即其炊饪之物。惟中国古载记称底为七穿。《周礼·考工记》云："陶人为甑，实二觳，厚半寸，唇寸，七穿。"可证。惟此为五穿，略异。穿孔处，古谓之窐。《说文》："窐，甑空也。"《离骚》曰："珪璋杂于尔甑。"王逸注："窐土甑孔也。"可证。甑与鬳有别。《周礼·考工记》："陶人为鬳，实二觳，厚半寸，唇寸。"郑注云："鬳无底甑也。"

据此，则有底而穿孔者为甑。无底者为鬳。虽同为炊饭之具，而器物各别也。

三、陶瓮类

撮口瓮　第二四版，第三三图，插第二三图

灰地，中含石子。外不涂色。撮口，微外卷。腹隆起，里外均有辘轳纹。腹下部有刀削痕迹。底平无足。腹部绘红色同心圆圈四，外圆直径约一五〇糎至一六〇糎，横径约六〇糎。圆与圆相接。颈项有红色弦纹二，下围有红色弦纹一，红间带紫，盖绩久而变其色也。又此器出于刘保欢墓，同时出土尚有二盂，其花纹亦同。据墓表为重光元年，当中国北魏景明元年，在沟西出土之器物，以此为最早也。

卷口瓮　第二五版，第三四图

青灰地，质细，不含石子。口外卷。颈短。肩腹隆起。上腹有车旋细擦纹。下部有刀削痕迹。底平无足。外涂黝黑色，里口缘涂红。颈及腹，绘红色弦纹一。上腹绘红色半圆圈六。直径约九〇糎，横径一〇〇糎。圆与圆相续，上下与弦纹相切。每圆中含红色新月形之半圆曲线，与第二四图驼蹄足盆所绘近似。但此形两端略细，故成新月形耳。下腹所绘与上腹相同，但略小而椭圆。直径约一一〇糎。横径约六〇糎。计七圈，与上腹圆圈紧接，参差成彩。

卷口瓮　第二六版，第三五图，插第二四图

黑地。外涂漆墨彩衣。口外卷。短颈，肩腹隆起。底平，无足。下腹磨擦光平。上腹隐起辘轳纹。颈项有红色弦纹一。中腹绘红色弦纹二。弦纹上绘红色长方形七。直径约六〇糎，横径约四〇糎，与颈弦纹接。每长方形有红色直线隔之。弦纹下亦绘红色长方形七。状与弦纹上相同。惟大小不一耳。又此器外部，有纵横维细擦刷痕迹，疑所涂之漆，系用毛质物所涂抹也。此与二六图牛蹄足盆，外围涂漆相同。但彼由液体浸浇而成，与第一图之涂红衣相同。此为墨色泥浆，用器物涂敷而成。故外部起一分厚之薄皮。或至剥落，露显原质。此与余在柴俄堡古坟中所发现之漆墨双耳壶相同。皆于原胎上薄敷漆墨彩衣（参阅插第二九图）。沟北出土之杯钵，亦于器物原胎上，涂敷薄层彩衣，不过彼为红色耳。至于其他陶器，外面所涂之浅黑色或灰色，皆由于着色液体之浸染，或涂抹所致也。

卷口瓮　第二七版，第三六图

灰地。口外卷。短颈。肩腹隆起。底平无足。外涂浅黑色。中腹绘红色弦纹二。弦纹上下各绘同心半椭圆六。外圆直径约九〇糎。横径约六〇糎。内圆直径约七〇糎，横径约三〇糎，均与弦纹相切。颈项部微剥蚀，起白沫。其未剥蚀部分，色彩甚鲜明也。以上二器，均与二五、二六图之花纹相似，可互参阅也。

卷口瓮　第二八版，第三七图，插第二六图

青灰地。口外卷。短颈，肩腹隆起。底平无足。外涂黑色，内外有辘轳纹。下腹削光平。中腹绘粉白弦纹两道。中含粉圆点为带。弦纹上下各粉绘同心椭圆五，参差对比。上外圆直径一〇〇糎。横径约八〇糎。内圆直径约八〇糎，横径约四〇糎。下外圆直径约九五糎，横径约六五糎。内圆直径约六五糎，横径约二五糎。在内圆之中心，均填朱色舌状纹，两圆中含粉白圆点。圆与圆各不相切，旁缀粉圆点四。此图花纹与二八图规画颇相似，此更较繁复耳。

卷口瓮　第二九、三〇版，第三八、三九图，插第二七图

青灰地。口外卷。短颈，肩腹隆起。底平无足。内外光平。外涂黝色。颈项绘红色弦纹一。中腹绘红色弦纹二。中含垂直线，合成方格形。弦纹上绘红色圆圈六。直径约六〇粍，与颈腹弦纹相切。中含红色圆点作太阳状。圆与圆之间，有直线隔之。弦纹下绘红色椭圆五。直径八〇粍，横径五〇粍。彼此相切，中含舌状红点。第三九图与第三八图，花纹形式均相同。惟原器略高，内外有辘轳纹，为稍异耳。

卷口瓮　第三一、三二版，第四〇、四一图，插第二五图

两图均为青灰地。口外卷。短颈，肩腹隆起。底平无足。内外均有辘轳纹。中腹有弦纹二。中含垂直线。弦纹上绘红色太阳状花纹均同第三八、三九两图。弦纹下此绘曲旋纹，有类于二九图之下部，与上两图绘椭圆纹者不同。盖各器花纹皆彼此分合增损，无一定之成规也。

以上九器，古时皆以盛食物及韲醢之用。《周礼·醯人醢人》云："王举则供醯六十瓮。致瓮饩于宾客之礼，则供醢五十瓮。供醯五十瓮。"是瓮古时以盛醯醢，为膳羞飨燕之用，可以证明。但亦用之于丧葬。《礼记·既夕》云："明器有瓮醯醢。"《檀弓》云："宋襄公葬其夫人，醯醢百瓮。"是古人生时以此盛食物，死后即以此殉葬，所谓明器者，即殉葬之器也。余此次所获得之陶器，皆在古坟中掘出，瓮即其一部分。疑皆当时盛食物以殉葬者。例如余在柴俄堡掘出之大瓮，高二尺许，其齑菹遗渣，尚存瓮中。又沟西出土之陶瓮一二四八、一二五二两器，其橙黄色之遗渣，尚留存里底约厚二公分，稍触即成粉末。以今证古，其例益明。至其大小形式，据聂崇义《三礼图》云："瓮高一尺，受二斗，口径六寸五分，腹径九寸五分，底径六寸五分，腹下渐杀六寸。"（卷十二）按图绘瓮形，短颈而小。肩腹隆起，下渐杀。底平无足。与余器形式正相同。惟余器容量较小耳。瓮与瓶，据《说文》为一器，《缶部》："瓮，汲瓶也。瓶，瓮也。"但瓶多用于汲水，或酌酒浆。瓮多用于盛食物。故余以长颈或带耳者为瓶，短颈无耳者为瓮。瓮亦呼为昙，藏酒之器。《群碎录》云："今人呼藏酒器曰昙。"《抱朴子》曰："昙是鸩鸟之别名也。"（《格致镜原》卷五十二引）是昙原为酒器，今则以凡盛食物及藏酒浆之瓮，皆以昙呼之矣。

四、陶瓶类

单耳瓶　第三三、三四版，第四二、四三图，插第二八图

青灰地。外涂黑，口微仰。有耳，着颈肩，径空约四〇糎。适容两指。细颈，锐肩，腹微隆起，下渐杀，成椭圆形。内外有辘轳纹。上下绘竹叶状朱点四。第四三图，形状花纹同第四二图。不赘述。

单耳瓶　第三五版，第四四图，插第二九图

青灰地。口里涂红，外涂黑，已剥蚀。口仰，细颈而长。鼓腹敛底，形同上图。有耳着于颈腹，空径直约二五糎。颈及腹有粉白弦纹各一道。腹弦纹上下绘粉白同心椭圆形，直径六〇糎至七〇糎，横径约三〇糎。中含粉圆点。圆与圆彼此相续，上下对切。与三七图卷口瓮，及二五、二六之驼蹄足盆花纹相似，可参阅也。

单耳瓶　第三六版，第四五图

青灰地。纯素，外无染色。里涂朱。口微仰，唇外卷。颈微长，肩腹隆起。有耳附于颈项之间，适容二指。形样较四二、四三为卑，作"亚"字形。其状类壶。但壶与瓶皆为盛水之器，本属一类也。

以上诸器，项腹间，皆具一柄，以为把握之资。用于汲水者，称为汲瓶。《淮南子》曰："古者抱瓶而汲。"即此。又称澡瓶，作净手之用。《祖廷事苑》："军持常贮水随身，用以净手也。"军持梵语，《西域记》作捃稚迦，即澡瓶也。（《格致镜原》五十二引）现新疆本地人，每当饭前汲水沃手之器，形式与此正同也。又称为胡瓶，酌酒之器。《贤奕编》曰，今人呼酌酒器为壶瓶，按《唐书》，太宗赐李大亮胡瓶，胡三省以为胡瓶酒器。按"壶"字当作"胡"（《格致镜原》卷五十二引）。后人则以有把之瓶，通以壶呼之。酌酒者曰酒壶。盛水者曰水壶。且更具一嘴以为流也。

五、陶壶类

波纹壶　第三七版，第四六图，插第三一图

青灰地。纯素，磨刮光平。有一鼻，着肩，已残。底平。口微外卷。腹隆起作"亚"字形。中腹压弦纹及水波纹为带。波纹为四线等量屈折，盖用四齿状之物，随陶轮旋转曲划而成。又重复一次，故有两道水波纹，平列而行也。腹部上下均绘有红色竹叶状花纹。上腹已毁灭，不尽可识。下腹尚可见者，计为五点也。外面颜色，深浅不一，间露黄土原色，或因火力不及之故也。

波纹壶　第三八版，第四七图，插第三〇图

青灰地。纯素，磨擦光平。底平。口微外卷。肩微高。有两鼻附肩，孔径约一〇糎。古时以之系绳索。按据《尔雅》："钮谓之鼻，所以系组绶。"引伸之，凡器之纽，所以系绳索者，皆谓之鼻，言其形状似鼻也。脰压二弦纹及水波纹两道，曲折甚急，与四一图曲折舒缓者稍异。下腹有红色花纹遗痕，已磨灭不可尽识矣。

波纹壶　第三九版，第四八图

青灰地。口微外卷。无鼻。外纯素，口缘里涂红。腹压水波纹，形同第四六图。腹上下微见红色遗痕，其花纹已磨灭矣。此亦以盛水浆，惟不作汲水之用耳。外面刮磨光平，颈部尚留刮磨之迹。盖此数，器当由钩车制成后，即用具打磨光平。故外面均不加涂彩衣。泥质亦细。形式安稳，盖陶器制作中之精致者也。

此类陶器，古时皆盛水。《汉书·东方朔传》曰："壶者所以盛也。"《说苑》曰："五大夫卫人也，负壶入井，终日灌一区。"（《御览》七六一，页八）可证。此与第四二、四三两图之瓶，其效用相同，而用法有别。盖彼以手直接为汲取或沃澡之用。此则必须系绳索以备提携，或仅作盛贮之用也。又《博古图》卷七所载之罍，其形式与此亦同，古时用以为藏酒之器。《诗》曰"瓶之罄矣，惟罍之耻"是也。今通呼之为缸矣。

六、陶罂类

卷口罂　第四〇版，第四九图，插第三二图

青灰地，外涂黑，口圆微卷。腹特别鼓起，敛底。里缘涂红，腹绘红色弦纹二，中含圆粉点六。上绘红色半椭圆四，与上弦纹切，下绘红色半椭圆形五，与下弦纹切。彼此不续。弦纹内含之粉点，但仅一部分，他部则无，或亦彩绘未尽之故也。此器与甘肃所出之陶罂形式类似。不过此无耳，形制较小耳。

汤罂　第四一版，第五〇、五一图，插第三三图

青灰地，外光平，纯素，口小微仰。腹隆起，敛底。底由刀削成，不平匀。有一鼻着腹，系就原胎之隆起处，镂削而成。中穿一孔，孔径约一〇糎，为当时穿柄之用。器里尚留有黄白色遗渣。第五一图形式同五〇图，器略小，里亦有黄色遗渣

存留。盖此类器物，在当时原为煮熬汤药之用。《博古图》载汤罂一，其说云："汤罂有鋬无铭，温水器也。状如匏，圜而纯素。有一耳作绚纽，若屈卮，举而置之炉灶间以烹水也。"（卷二十）按此形式虽较椭圆，而效用实一。现江汉一带熬药煮汤之器，其形式正如此，谓之汤罐。又谓之煨罐。其用法，用丁字形木柄，穿入耳孔，置之炉灶之中，俟沸即取出也。

七、陶瓿类

卷口瓿　第四二版，第五二、五三图

青灰地。质细。内外光平。外涂黑，里口缘涂红。口圆微卷，大腹，敛底。中腹有红色弦纹一。上下绘红色同心半椭圆。彼此相连，与弦纹相切。满布圆粉点。与本篇三七图之卷口瓮花纹相同，可互为参考也。惟彼之弦纹为二，此为一，无粉点，为稍异耳。第五三图形式同五二图。惟略小。外面花纹，亦为红色同心半椭圆，惟无粉点耳。

蒲纹瓿　第四三版，第五四图，插第三四图

青灰地。内外磨光。口仰，微卷。有短颈。口里涂红。腹压蒲草纹为带。上下腹，间有朱色痕迹，惜多已磨灭，不能审定其是否为花纹。口缘及下腹起白沫。此器形制花纹，与他器不同，疑为仿古之作。盖蒲草纹发源甚早，在貔子窝单砣子发现蒲纹陶片，同时尚有石器，确为纪元前之遗物。至汉代陶器压蒲草纹者更多。此次余在固阳县北之古城，及黑柳图河古营中，所采拾之瓦片皆为压纹。多半为蒲纹，或方格纹，及水波纹。同时均有汉五铢钱及汉铜器为之证明，确系两千年前后之古物。此器出雅尔湖任口慎墓中。其墓表题署"高昌延昌十三年"，即周建德二年（西纪五七三），距今一千五百余年。故余疑此器及波纹壶，均为中土产物，而传入西域者。最低限度，亦可认为西域仿模中土之作，且其延长性，亦由此可推也。

磨纹瓿　第四三版，第五五图，插第三五图

深灰地。中含石子。纯素，外有刮磨纹。衔口。当有盖，已遗失矣。平底，有刀削旋纹，盖由陶钧所制，与以上各图由拍压为平底者，异也。此器出于沟西魏院古坟中，但无墓志，可发年代之研究。但可信皆在北魏之末与唐初，其器底之刀旋纹，可以为证。但刮磨纹则发源甚早，余在沟北所发现之陶器，多为刮磨纹，余已断定

为两千年前之故物。不过彼为黄泥质，此为青泥质耳。

以上诸器，皆形卑而鼓腹，敛底。与河南甘肃出土之陶罃近似。但彼器大，有两耳，俾系绳作提携之用。《说文·缶部》："罃，盛酒器。"《汉书·韩信传》："以木罃渡军。"颜师古注曰："罃缶，谓瓶之大腹小口者也。"但此器形虽相近，而容量甚小，古谓之瓵。《方言》："瓵数罃也。"《尔雅》郭注："瓵甄小罃，长沙谓之瓵。"《汉书·扬雄传》："吾恐后人用覆酱瓵也。"颜注："瓵，小瓮也。"是大者谓之罃，所以盛酒。小者谓之瓵，所以盛酱盐之类也。

卷口瓵　第四四版，第五六图，插第三七图

青灰地。外涂黑。口圆微卷。鼓腹。内外辘轳纹。腹绘粉白弦纹二，中含圆粉点。上腹粉绘同心半椭圆六。下腹粉绘同心半椭圆四。中含圆粉点，圆心填朱。圆与圆相续。花纹与本篇三七图之卷口瓮、五三图之卷口瓵相同，可参阅也。

卷口瓵　第四四版，第五七图

青灰地。外涂黑。颈略高。唇厚外卷。肩腹略隆起。内外辘轳纹。敛底。外腹满涂圆粉点。口缘及面起白沫，盖为咸沫也。

卷口瓵　第四五版，第五八、五九图，插第三七图

青灰地。外涂浅黑，里缘涂红。口外卷。敛底。鼓腹。下腹及颈项，均绘红色弦纹二。上腹绘红色同心椭圆十二。下腹绘红色同心椭圆十。彼此相续。均与弦纹相切。第五九图形式花纹均同五八图。惟此形略小，肩略隆起为异耳。此二图与本篇二五图驼蹄足盆，三六图卷口瓮，花纹相同。可参阅也。

辘纹瓵　第四六版，第六〇、六一图，插第三八图

红地。内含石子。口微卷。腹略隆起，作椭圆形。纯素。内外有辘轳纹。微有剥蚀。上半有车旋擦纹，系由钧车敷泥时，抟擦而成。下半及底，用刀削成，现有刀削痕迹。外围不光平。底亦欠平稳。盖沟西出土诸器，如盆、甄、瓮、瓶、壶之类，其底皆压拍平整，再与围接合。惟此二器，其底皆就原胎斧削而成也。

莲纹瓵　第四七版，第六二图，插第三九图

黄土原色。外涂黑。唇厚外卷。肩腹隆起。底平。有刀削痕。内外有辘轳纹。腹绘红色半椭圆四。中含舌状红点，类似莲花瓣。此器，质料不坚，盖晒干后，未经火烧者也。

条纹瓯　第四七版，第六三图，插第四〇图

青灰地。口微卷。肩略隆起。底削平。外有黑色彩衣，多已剥蚀。其未剥蚀部分，尚可见红黑色条纹也。

薄口瓯　第四八版，第六四图，插第四一图

深灰地。内外光平。口薄，微卷。平底。腹隆起，外不涂色。腹绘黄色同心椭圆形，中填朱。花纹多漫灭，彩色亦已失其鲜明也。

双耳瓯　第四八版，第六五图

青灰地。细颈略高。小口带唇。双耳着于颈肩，空约一八粍。鼓腹。平底。下腹及底磨光。上腹有车旋擦纹。口缺，今修补完成。腹有红色弦纹一。上下绘红色椭圆形。彼此相续，与弦纹相切。每圆中间含一垂直线，与二六图牛蹄足盆之花纹类似。可资参阅。惟彼为双圆，此为单圆耳。又按此器之双耳与下图之双鼻，同为系绳之资。但下图鼻空小，此图耳空大。且另制附着，与鼻之由原身刻削成者异也。故仍分别定名。

双鼻瓯　第四九版，第六六图，插第四二图

青灰地。质甚细。内外光平，纯素。口径大于底径。鼓腹，短颈。两鼻着肩，与口缘齐。孔径约一〇粍。系就本身以刀削成者。形式卑庳。中有橙黄色遗渣留存，盖当时以盛食物之器也。以上诸器皆高度大于宽度。此器及以下二器，皆宽度大于高度。此其别也。

瓠形瓯　第四九版，第六七、六八图，插第四三、四四图

青灰地。外光平。口微卷。短颈。敛底。肩腹特别鼓起，类瓠形。外薄敷彩衣，已剥蚀。内有原盛食物遗渣，呈粉白色。盖亦必当时盛有食物，现已腐朽也。第六八图，形式与六七图相同。惟较小，纯素无花纹耳。

以上诸器，其形状大小、高卑、有耳、无耳，虽不一致，而皆以为盛椒盐酱醋之用。现尚通行于乡村中。有呼为罐者，如六四图。有呼为瓶者，如六五图。今以其效用与瓯相同，故与瓯并为一类。

八、陶盂类

纯素盂 第五〇版，第六九图，插第四五图

青地。纯素。口微卷。肩微隆起。下腹渐杀。平底。内外有辘轳纹。里底留存红色遗渣。口缘涂红。外腹有红色点画遗痕，已漫灭不可尽识也。形式较下列各器为大，疑当称为安残。《玉篇》："安盛，大盂也。"字亦作"安残"。李尤《安残铭》云："安残令名，甘旨是盛。埏埴之巧，甄陶所盛。食彼美珍，思此鹿鸣。"（《太平御览》七六〇引）是安残亦饮食之器也。俗呼为钵，或为盆。

俯口盂 第五一版，第七〇、七一图

青灰地。外涂黑。口薄而俯。内有辘轳纹。里底深锐，隐起螺旋纹。盖由钧车旋转而成。底平，有刀削痕迹。盖陶人以钧车旋成器后，以刀削去余泥，即成底。与上图盆瓮之底与围为两件接合者不同。底纯素，不染色。惟底边因染四围之黑汁浸漫及底也。腹绘红色同心椭圆形八。每圆直径约九〇糎，横径约六〇至七〇糎。圆与圆彼此相切。内外圆中间下半，均含连珠式圆粉点，内圆中间亦含粉圆点一串。第七一图形式花纹均同七〇图。惟椭圆形之花纹稍大。每圆直径约一〇〇糎，横径约八〇糎。共七形。底平，微缺。其缺口处遗留有灶灰土。按坑中为黄土，则灶灰土显为殉葬前所遗存。内外口缘，尚留有粉状白色遗物，触之即落。是否为牛羊乳之遗汁，现尚未能判明也。

俯口盂 第五二、五三版，第七二、七三、七四图，插第五一图

灰地。口薄而俯。内外辘轳纹。里底隐起螺纹。外涂黑。底有刀削痕，略倾斜不平稳。口缘有红色弦纹一道。下绘红色同心椭圆形六，与之相切。圆与圆相续。内外圈中间含连珠式圆粉点。内圈中间有涂圆粉点痕迹。弦纹上亦有白色圆粉点为带。第七三图形式花纹，与七二图略同。外涂色略带紫。弦纹上及内外圈中之圆粉点多被磨蚀。且有已经失其遗痕，或竟未加彩绘者。底甚平稳，里底隐起螺旋纹及辘轳纹。外面仍平舒，口缘微损。第七四图形式花纹同七三图。外染浅黑色。形略卑。口径较大微俯。花纹中所含之粉圆点亦不现，且多失其痕迹。里有辘轳纹及螺旋纹，均与上图同也。

俯口盂 第五三版，第七五图

灰地。外染灰褐色。形卑。口微俯。内外均有辘轳纹。里底深锐，隐起螺旋纹。

底平，略有足，外出。口缘绘红色弦纹一道。腹绘红色同心椭圆形五，与之相切。圆与圆彼此相续。中含圆粉点，与上图同，惟多被漫灭耳。里亦留黄色遗物，盖为当时食物之遗渣也。

俯口盂　第五四版，第七六、七七图

青灰地。外涂黑。口薄微俯。平底，有刀削旋纹遗痕。口缘有红色弦纹一道，腹绘红色同心半圆圈八，与弦纹相切。每圆横径五〇糎。彼此相续。两圈中间含有白粉点遗痕，惜多漫灭。第七七图，外涂深黑色，口较俯而洼凸不一。质颇粗，口有裂缝。底高低不一，颇不平稳。内有辘轳纹。里底亦厚薄不均，其手工极为拙劣。腹绘色红同心椭圆七，横径约六〇糎。彼此相续。内圆若环状，亦不规矩。出土时，里底尚留存少许木炭也。

俯口盂　第五五版，第七八、七九图

青灰地。口薄微俯。外涂浅黑色。底平。腹绘红色同心半椭圆。里满涂红。出土时损，现已胶合完整。第七九图，形式同上。纯素不加染色。里底有螺旋纹。底不平，略倾欹。腹绘红色半椭圆六。横径约五〇糎。彼此相续。中含红色舌状纹。有二圆，内外缀以圆粉点，余则无之。盖缀绘尚未尽竣工也。

俯口盂　第五六版，第八〇、八一图

青灰地。外涂黑色。口薄微俯。底平。里底有螺旋纹。内外有车旋擦纹。腹绘红色椭圆形五。每圆横径约七〇糎。彼此相续。中含红色舌状椭圆纹。第八一图，形式与之相同。口里缘涂红。上腹剥蚀。下腹有红色叶状纹六。外染黑色，浸漫及底边。口缘损，现已胶合完整也。

彩绘盂　第五七版，第八二、八三图，插第四九图

青地。口薄微俯。里满涂红，外涂黑。腹绘绿色舌状形四。每形外廓似均绘有白色同心椭圆，中含粉点。但已漫灭，不尽可辨。圆与圆中间，绘红色圆点四粒，连缀若串珠，共为四贯，颇为美观也。第八三图，形式较小。不加染色。四围绘黄色同心椭圆形五。中含舌状红点，各不相续，此其异也。

碗状盂　第五八版，第八四图

青灰地。外涂黑。里口缘涂红。口薄而侈。内有辘轳纹。里底深锐，隆起螺纹。腹绘红色柳叶状纹。四周似有串珠式之白粉点，但多已漫灭。里底尚留存黄色遗渣。

或当时装陈食物所遗留也。

碗状盂　第五八版，第八五图

青灰地。外涂浅黑色。口薄底平。里口缘涂红色。腹绘红色椭圆五，与之相切。每圆横径约六〇糎，彼此相续。中含红色舌状纹，颇类莲花瓣，与七九、八〇两图相同，惟无粉点耳。

碗状盂　第五九版，第八六、八七图，插第四八图

青灰地。口圆与身同大。底平。内有辘轳纹。里底深锐，隆起螺旋纹。外涂浅黑色。口缘绘红色弦纹一。腹绘红色环状圆圈六，与之相切。彼此相续。每圈约七〇糎。有三圈内含同心小圆圈，与第三三图撮口瓮花纹相同。与第八七图皆同出于沟西刘保欢之墓。同一墓之物，而其花纹亦同，甚可贵也。惟第八七图之形式花纹，虽与八六图同，但外面发青色，各圆圈独立，彼此不续。圆圈共五，为稍异耳。

碗状盂　第六〇版，第八八、八九图，插第五〇图

青灰地。外不加染色。口圆而厚。底平，内外平整。里底隆起螺旋纹。内满涂朱。外有红色花纹，已漫灭不尽可识。出土时微损，现已胶合完整也。第八九图与八八图，形式相同。惟内外有辘轳纹及擦旋纹。里满涂朱。外腹似有红色同心圆圈。但已漫灭不可识矣。

辘纹盂　第六一版，第九〇、九一图

青灰地。口薄微俯。外涂浅黑。里缘涂朱。内外均有辘轳纹。里底起螺纹。外底刀削后，再磨制光平。纯素无纹。第九一图，口圆，内外有辘轳纹，与九〇图同。惟内外色黯。底不平匀。故微嫌倾欹也。

斑彩盂　第六二版，第九二图

青地。口圆。底微倾欹。外涂漆黑。满绘串珠式之粉绿圆点成彩。内留存红土，厚约一糎。间起白膜，形成一圈，占碗之半部。其红土当然为殉葬时所装陈。与染色有别。盖古时丧祭习俗，先在器物里面多敷盛红土少许。或染色。再盛食物，或为辟秽之意。故陶器中或涂一半，或满涂，或敷陈，皆此故也。

斑彩盂　第六二版，第九三图，插第四六图

青地。纯素，不加彩衣。一面发蓝青色。薄口，平底。里底深锐，隐起螺旋纹，及擦纹。里满涂红，腹绘红色斑点彼此相间成彩。

以上各器，自七〇图以下，均为俯口，肩隆起，下腹渐杀作曲线形。盖盂之为言迂曲也。盂与敦同式。《尔雅》："邱一成为敦邱。"孙炎注云："形如覆敦，敦器似盂。"《少牢馈食礼》疏引《孝经钩命决》云："敦规首，上下圜相连。"（《仪礼》四十七）按敦为规首，则盂亦为规首可知。规上曲者也。盂以盛汤浆。《说文》："盂，饮器也。"《士丧礼·下篇》："两敦两杅。"郑注云："杅以盛汤浆。"杅与盂同，敦以盛食，盟则盛血，故形虽同，而用不同也。又按，碗与盂亦同为一类。但古时亦略有分别。《急就篇》："椭、杅、盘、案、杯、閜、碗。"颜师古注云："碗似盂而深长。"故本篇以口缘微俯，或里底深锐者为盂。而以桶状或口缘微仰者入碗类。所以示其别也。自八四图以下，其形虽类碗状，口缘俯曲，不如以上各图。但肩腹均微隆起，如八八、八九各图。又八六图，里底且深锐。故均仍入盂类。

九、陶碗类

叶纹碗　第六三版，第九四图，插第四七图

浅红地。质细。外染浅黑。里底发青色。并隐起螺纹及辘轳纹。口薄，身与口缘成直角。底平，腹绘柳叶状红点。出土时微破损，现已胶合完整也。

斑彩碗　第六三版，第九五图

青灰地。纯素，外不涂色。口缘间发蓝青色。口微缺，里底起螺纹。底平，有刀削痕。腹满涂黑红色斑点。彼此相间成彩，同九三图。且同出一冢也。

圆底碗　第六四版，第九六图

青灰地。口微仰。内外光平。圆底无足。盖以上诸器，墙边与底接合处，另附一底，高约一〇粿不等，以其着地，故谓之足。此器之墙曲处，即以刀削平，无足。此其异也。

辘纹碗　第六四版，第九七图

青灰地。外涂浅黑。里口缘涂红。内外有辘轳纹。底平，略带足。口微仰。下腹渐杀，与底成钝角。口缘起白沫。

辘纹碗　第六五版，第九八图，插第五二图

青灰地。外涂浅黑。内外有辘轳纹。底平，微外卷。里底深锐。口微仰。下腹渐杀，与底成折角。腹绘红色椭圆形，彼此相切。中含红色同心圆圈，或半圆圈，间布白粉点。

桶形碗　第六五版，第九九图

青地。纯素无彩。内有辘轳纹。里底有螺纹。底平。口缘与底成直角之桶状形。

以上诸器，其口缘微仰，或成桶状者，均归为碗类。通常以盂盛汤菜，碗为饭具。古当与今同也。

十、陶杯类

碗状杯　第六六版，第一〇〇图，插第六七图

青灰地。中含砂子。外涂浅黑。多已剥蚀。薄口微仰，与底成锐角。底平，有刀削痕。里底深锐。腹绘黄色同心椭圆形四，彼此不连续。每圆中心含舌状红点。内外圆中间含连珠式粉圆点。外间亦有粉圆点填缀空隙。惜多已漫灭也。与第八三图彩绘盂花纹相同，可参阅也。

碗状杯　第六六版，第一〇一图，插第五四图

浅红地。质颇细，内外光平。平口。底有刀削旋纹。形式极平匀。外涂浅黑。腹粉绘卷云式曲旋纹。初出土时花纹尚鲜明，后被工人误涂泥浆，遂失其明显，殊可惜耳。

碗状杯　第六六版，第一〇二图，插第五三图

青灰地。外涂黑。口薄。底削平，底边外卷。腹绘红色半圆圈四，彼此不续。圈内外略缀红点。

盂状杯　第六七版，第一〇三图，插第七〇图

青灰地。口缘及里发青色。纯素，口微俯。高低不一。里有螺旋纹，及擦纹。颇类盂状。腹绘红色椭圆形五，彼此相续。中含柳叶状红点。底光平无刀削旋纹遗痕。口缘间有白沫，甚坚硬，盖咸质也。

纯素杯　第六七版，第一〇四图，插第六四图

青灰地。纯素。内外有车旋细擦纹。原破，现胶合完全也。

以上诸器，形式稍高，略与碗状或盂状同。但小于碗而大于杯。亦名为閜。《艺文类聚》引李尤杯铭云，小之为杯，大之为閜是也。但据《方言》《广雅》均以閜盏为杯类。是杯其总名，而閜盏其别名。故余立杯为总名，而分别叙之。

俯口杯 第六七、六八版，第一〇五、六、七图，插第五九图

青灰地。口薄微俯。浅底。底里有螺旋纹。腹绘鱼鳞式红色同心椭圆形九，彼此相续。形式甚卑。古时或以作酒樽，及陈酱油醋之用。一〇六图，形式花纹均同上。惟形制略小，底里略深。腹绘椭圆形七。里底留有黄色遗渣，或为酱汁之遗也。一〇七图，形式花纹亦同前。惟外涂黝黑色。腹绘同心椭圆形八。里有螺纹。内外均有暴瘤。形式亦欠平匀也。

俯口杯 第六八、六九版，第一〇八、九图，插第六〇图

青灰地。外涂浅黑。口薄而俯。里涂红。里底有螺纹。腹绘红色椭圆形四，彼此相续。中含一红色叶状形直线。一〇九图，形式同上。惟外绘黄色同心椭圆形五，彼此相续。中含一红色叶状形直线。一〇九图，形式同上。惟外绘黄色同心椭圆形五，彼此相续。中含舌状红点。花纹颇美也。

俯口杯 第六九版，第一一〇图，插第五五图

青灰地。口圆而厚，微俯。里底有螺旋纹。里围绘红色弦纹一道。外边缘有红点四。底有刀削旋纹。原破，现已胶合完全也。

俯口杯 第六九版，第一一一图，插第六六图

青灰地。外涂浅黑。口薄微俯。里底有螺旋纹。腹绘红色椭圆形五，彼此相续。中含红色舌状直线，与一〇五图花纹相同也。

以上诸器，形制略卑。口大微俯。底平而浅。据《广雅·释器》，当名为盏，盏与琖通，为古时饮酒之器，与爵为同类。《明堂位》云："夏后氏以琖，殷以斝，周以爵。"古以玉为酒器，故作琖。又以陶为之，故作盏。与镫盏同形，而无耳。盏较杯小而浅。《方言》注云："盏最小杯也。"《尔雅》："钟小者谓之栈。"李巡注云："栈，浅也。"栈、盏同音，其义亦同。因同为杯类。故总入于此，略加类别也。

十一、陶盘类

磨纹盘 第七〇版，第一一二图，插第七一图

深灰地。纯素无彩。内外有刮磨纹。口微仰而浅。底圆无足。原破，现已胶合完整也。

十二、陶碟类

盘状碟　第七一版，第一一三、一一四图，插第六九图

青灰地。质粗，中含砂子。纯素无彩。口微俯而浅，若盘状。底平有足。里底有灰色遗渣。一一四图，形式同上，较小，间发青色。底不平。里底有白色遗汁留存。

盘状浅碟　第七一版，第一一五图，插第六一图

青灰地。质粗，无彩。口圆唇厚，里浅若盘状。底亦不平匀。皆因刀削不齐之故。里缘有红色弦纹一圈。里底隐有螺旋细擦纹。盖由钧车旋转而成也。

盛丹碟　第七一版，第一一六图，插第五六图

浅红地，中夹青色。内外有车旋细擦纹。口圆唇厚，微仰而浅。里留存黄丹遗渣，厚约一糎，磨擦即落。疑当时为陈丹砂之用。以上诸器，余以为陈酱醋之用。如一一三图，里底之灰色遗渣，一一四图，里底之白色遗渣，皆为其陈物之遗留可证。惟此器里留丹砂，并面起白沫，则当时所陈者必属液体物。故余疑此为画家所陈颜料之碟也。

十三、陶豆类

圈足豆　第七二版，第一一七图，插第七三图

青地。纯素无彩。上状如盘，内外光平。盘下有直柄，柄以刀削成，有刀削痕迹。柄下有跗，《礼记》谓之镫。跗底中空，亦以刀削成。盘里底有孔，深约一二糎。旁有螺旋纹，与盂里底之螺旋纹相似。皆由钧转所成也。

弦纹豆　第七三版，第一一八图，插第七二图

青灰地。纯素无彩。上状如盘。内外光平。里底中间有孔，现塞。盘下有柄，为钧转所成。中隆起旋纹一道。下有跗，跗底甚平，无空。有刀削痕迹。盘原破，中留存灰色遗物。盖瓷以盛濡物涪醢之类，此即其所遗也。

圈足豆　第七四版，第一一九图，插第七四图

青地。上状如盘。里底有孔，均同上图。惟口唇略厚，中央有柄甚短，有刀削遗痕。下跗中空，亦以刀削成，同一一七图。盘里有灰色遗物，亦同上图。皆为当时盛涪醢之遗也。

以上三器，与《博古图》之周鱼豆、刘公铺（卷十八），形极似。盖豆以盛濡物，如醢菹之属是也。《尔雅》云："木豆谓之豆，竹豆谓之笾，瓦豆谓之登。"此为瓦类，宜名为登，按古时豆本有木瓦二种，通用于祭祀宴飨（见贾公彦、孔颖达《仪礼》《礼记》各疏）。登之形状，虽与豆同，亦用之于饮食。但登又用为膏镫。颜师古注云："镫所以盛膏夜燃燎者也。"故今为之分别，有柄，形状似豆者，名之为豆。柄短，或无柄者，名之为镫。

十四、陶镫类

盘状镫　第七五版，第一二〇、一二一图，插第七六、七九图

青灰地。外有灰白色彩衣。内外光平。上状如盘。圆口，里有圆涡状。直径约二〇糎，深约一〇糎。下有跗，圆平无柄，与盘身成锐角。一二一图，形状如上，外无彩衣，间带褐色。底平，与盘身成锐角。盘里有圆涡状，直径约一五糎，深约五糎。按此圆涡状，当时作何用，尚无确实证明。以意考之，决非盛菹醢之用，现其涡中均有灰色或黄白色物之遗留。则当时或为盛油状之液体物，亦未可知也。

盘状镫　第七六版，第一二二图

青灰色。外黏附灰白色彩衣。上状如盘，盘里底略深锐。中有圆涡状，留存白色遗物，厚约一糎。盘下有短项，下有跗足，甚厚，约二〇糎。底平，底边由刀削成也。

盘状镫　第七六版，第一二三图，插第七五图

青灰地。纯素。上如盘状。口缘外仰。浅底，里无圆涡形。有留存灰白色遗物。底平，边缘斜面，与盘身，作锐角形。

盘状镫　第七七版，第一二四图

青灰地。纯素无彩，上状如浅盘。口外仰，里底留存灰黑色遗物，厚约二糎。口缺，下有短柄，柄下有跗。底平，形式颇同豆。但因里底之黑色遗物，疑当时仍作镫用，故亦入镫类。

以上三器，其形似豆，但无高柄，形质笨重。吕氏《考古图》云，汉制多有行镫，形制类豆。其中有丨（音圭），以为镫炷，而加膏油。《说文》主字作业，亦象镫形。古之燎烛，皆以薪蒸，未有膏蜜。厥后知膏油可以供照，为于登而用之，因名（卷五）。则豆登为其本名，所以盛大羹及醢菹之类。膏镫乃仿豆而为然照之用，系后起之制。

故豆有高柄，而膏镫短柱，观于豆与主之篆文，可以知矣。

窝状镫　第七七版，第一二五图，插第七七图

青色，纯素。口唇颇厚。上状如盘。盘里深锐呈窝状，有灰白色及黑色遗物留存。外边与足成锐角。四围刻许多不规则连环圈。底平，上刻一圆圈，径约五〇糎。中间刻双线十字形，及单线之三角形。又器里光平，外面隆洼不匀，疑系内用模型，外以手抟成。非如上面之陶器，完全用钧转法制成者也。

窝状镫　第七八版，第一二六图

浅黄色，一部分呈灰色。极粗笨，甚易脆碎。按《周礼・考工记》云："膊崇四尺，方四寸。"郑注云："凡器高于此，则埛不能相胜。厚于此，则火气不交。因取式焉。"贾公彦疏云："谓埛不熟，则易破也。"埛即未烧之泥胎。灰黄为未烧之原色。因此器厚笨，烘烧未熟。故现原色，且易脆碎也。承盘里深锐呈窝状。外边与足成锐角形。外内均不平匀，亦系以手抟成，如一二五图也。

窝状镫　第七八版，第一二七图，插第七八图

青灰色。质粗。中含砂子。盘里深锐。呈窝状，颇光平。里留黑色及灰色遗物。盖因当时盛膏油所致。足底微洼。足与盘等大，中央洼入。故盘与足成曲线形。又外面及底部粘着一层灰色粉状物，擦之即落，中显坚硬之陶质。故此粉状物，决非器上所应有，及由地中之影响所致也。

以上三器，外形虽类膏镫。而形质笨重，盘里深锐呈圆窝状，是非可以随意移动者，疑为搁承镫盏之用。试以沟北出土之盏（第二〇图），置之第一二七图镫上，适相符合。其盘中之窝状，所以储藏膏油，及盏中漏滴之油者。俗名为灯窝，现江汉一带乡村中尚通行此种灯具。因与镫为一类，故通列于此。

碟状镫　第七九版，第一二八图

青灰地。口大形卑，如碟状。口缘微损，现焦黑色。里底浮着灰白色遗物。厚薄不一，厚者约五糎，擦之即成粉末，当为盛膏油之遗留物。一面有一阙口，呈焦黑色，疑为燃烧时，置薪材之处。此镫与灯盏，其用法实同。但盏有耳，可携之而走，此无耳，决非行灯。又盘与底接合处成一洼入弦纹，疑当时系绳，悬之空间者，现乡间类多有之。一说此与盏同，当亦置之灯檠上者，说亦可通。

杯状泥镫 附 第七九版，第一二九图

浅黄地。泥质，以手抟成若杯状。内外均不平匀。厚笨软脆异常，盖未经入火之泥胎也。里窝呈黑色，亦为当时盛油膏之故。此器虽形同酒杯，确为膏灯之用。现乡间穷人亦时用酒杯作膏灯佐读，或工作。其形式正与此同也。

弦纹残泥登擎 附 第八〇版，第一三〇图

泥质，浅黄地。口残。盘里底隐起螺旋纹。下有柄，隆起弦纹一道，及纵横压纹四，类 **4** 字。柄下有趺。底平，边缘卷起灯擎。现尚通行于江汉之间，谓之灯柱，上以承镫盏。故疑此器亦以承镫盏之用也。

附录　沟西及沟南

一、铜类

铜笄 第一版，第一图

铜质。上作半圆球状，中洼。圆柄直下，上生绿锈。按《说文》，笄簪也，笄簪也。是笄簪为一物。《释名》云："笄，系也。所以拘系冠于发，使不堕也。"《中华古今》注云，古者"女子十五而笄，许嫁于人"。初以木为之，长尺有二寸。夏后氏以铜，为笄于两旁。约发谓之发笄。按笄有二类，一为安发之笄，男子妇人均用之。一为固冠之笄，惟男子有之。如皮弁爵弁笄是也。此件出于沟西刘茔第八冢，虽无墓表，不能断为谁氏遗物。但由其枯骨及同时出土之铜钗证明，可识其死者为一女人。则此笄亦必为女人所用也。

铜钗 第一版，第二图

铜质，共二件。第一件上卷结，下有两脚，并行，微起绿锈。《玉篇》："钗，妇人歧笄也。"《释名》："叉，枝也。因形名之也。"古以象牙为之，后以金玉等质为之，皆专为妇人头上之装饰品。《留青日札》云，古乐府《河中曲》，咏莫愁头上金钗十二行，盖因妇人髻高，故能插金钗十二行，即十二只脚，乃六双也。（《格致镜原》卷五十五）第二件形式同上略长，断一爵，亦有绿锈。近乐浪古坟中发现之钗笄，形式与此正同，其排插姿势犹可看见（见《乐浪》图版二八）。由此可以证明高昌妇人首上装饰情形，亦例行髻发式，同于中夏之女人也。此器并上笄，均出于刘茔第八冢。

铜带饰　第二版，第三图，附 插带饰写形

共五副，铜质。由两块相合而成之半圆形。中有长方形之空穴。长约一八粐，宽约六粐。每副中缝有钉三，作三角形，鼎峙里面，故每副之中间露四粐大之隙缝，或即为当时系带之用。其第五副作四方形，其中间之隙缝，尚含有白色遗渣，坚韧易脆，或即当时含入其中之物。又第二副，其中含入之物，由其文理周匝，空隙中微露细孔，仔细谛视，极类皮革。每副之一面，边缘隆起弦纹，中空缘边亦起弦纹，其他一面则光平。则必以有弦纹者为外，而光平者为内也。

铜饰　第三版，第四图，附 插铜饰写形

铜质，共两副。作双目相连形。中缝颇狭，两目面部突出。第一副两目突处，镌细孔二十四，边缘镌细孔二十，当为缝纫之用。里边尚有丝织遗物。又其形式微曲，则必附着于曲形或圆状物之上。余因里面所粘着之丝织品，及其形曲，又遗存于死者头部，故余疑为人类头部之装饰物，或女子之帽花。此器与曹武宣及妻苏氏墓表同出土，则是曹苏氏之遗物也。第二副形状相同略小，面突处镌孔各十四，边缘镌孔共二十七，边缘缝织之线尚存，则此器为钉载于帽上，或衣物上，益可证明。面部尚粘着粗疏之麻织品残块，里缘亦遗留精致之丝织品，则此物为当时人类之装饰品，益可判明。

铜件　第四版，第五至第七图

第五图，为铜耳环，为妇人耳部之装饰品。第六图为铜饰，半椭圆，作圭形，两片合成，中含铜钉，与第二版第三图同。惟中无长方孔，或亦为带上之装饰品也。面生绿锈。又一铁件，与铜饰同出土，故附此。

铜件　附 第五版，第八图至第六版第九图，附 插铜件写形

第八图，一、残器。带耳。直径约一五粐。圆底鼓腹。圆口，略带薄唇，形同水滴。或亦为当时盛水濡笔之用，半破损。二、铜残件，扁平长方形，一面隆起，为边缘。中洼，隐起绳纹相绞。反面光平，中断，以绳纹为例，当残去三分之一，用度不明，疑为佩饰，或镇纸之用也。第九图，一、铜饰，用极薄之铜片，剪为蝴蝶形，边缘有细孔六，当为钉线之用，疑即古时之华胜。《荆楚岁时记》云："正月七日，镂金箔为人胜，以贴屏风，亦戴之头鬓。又造华胜以相遗。立春之日，悉剪彩为燕以戴之。"按周祈《名义考》云："北俗元日剪乌金纸翩翩若飞翔之状簪之，谓之黑老婆。"（《格致镜原》五十五引）现时妇人头部装饰品，亦有类此之物。但有时衣帽及鞋履，

亦有用五彩线绣为花朵，或飞鸟之形。此器缘边有孔，故余疑为衣履上之绣样也。

二、铜器薄残片。共计七块，片圆形，其边缘微卷，疑为铜盂之残底也。

以上四件，皆在雅尔崖古城中出土。虽不出古坟中，然均同出于雅尔崖。兹为研究交河人民生活习惯计，亦附录于此。

二、泥类

泥俑　第七版，第一〇图

共三俑。泥质，中含砂子。均残。一、头有髻，眼口由剔而成，耳部略隆起。短颈，两手残略向前。右膀略具，身腰齐下，正面已剥蚀，花纹不见。背面光平，中画黑色横线一，左右画直线各四，参差相接，想正面亦当与之同也。二、头破，两手向前，残，两腿断，一具凫形。正面光平，尚有黑色画横直线纹遗迹，但不甚清晰耳。三、形略矮，头偏，眼鼻不明。两手向前而残，身短无足，谓之侏儒。此三器皆出于刘士恭墓中，即唐乾封元年之故物也。

泥残器　第八版，第一一至第一二图

泥质。第一一图为一不知名之残器。下作饼，圆形。上复起圆纽状。黄泥质，中含砂子，颇光平。无纹。疑为器物上之塞子，但不能定也。第一二图，为车毂一对。中似乳状隆起，有孔以置轴。乳旁绘黑色弦纹一圈，及直线十道，象车轮之轴。一微残，两毂大小相若，显为一车之双毂，惜不全也。上器出于刘住隆墓中，即唐显庆五年也。

泥马　第九版，第一三图至第一〇版第一五图

第一三图，泥质。头昂，两耳竖起，两目中填朱，鼻口均全。头鬃直长，刻划辘轳纹六，以表示筋肉之奋张。颈项绘黑色极细短直线一行，显示为颈上之鬃毛，经过断齐习惯者。背塑马鞍一具，形与今之马鞍同。腰部略低，而臀部耸起，姿势极为雄俊。惜腿腹残缺，无由知其动静之状也。此器出于唐县海墓中，即唐龙朔三年也。第一四头为泥俑二，外面彩绘蛇皮形之花纹，中有木轴为干，作法殊于上图。一五图为马头一，头绘黑色络头，及额部之鬃毛，余得之三堡村中。据说出于张怀寂墓中，亦唐代物也。因张怀寂为显宦，故制作稍精耳，亦附录于后，以备参考。

以上泥质车马泥俑，皆出于唐代墓中，而无陶器，及铜铁诸器。反之，隋以前之墓中，不见泥塑俑马之件。盖以泥塑人马像殉葬，在唐人习惯中，极为普遍，谓之明器。现洛阳出土之明器，如车马人畜之类甚多，则以出隋唐墓中者为多。隋唐

与西域交通频繁，唐贞观中侯君集平高昌置西州，唐代势力普被西域，故其殉葬仪式，亦反其简朴之习，模仿中朝。又由墓表上之题署，凡唐代墓表，其文字格式，类中土之墓志，繁词阿谀。而高昌未灭以前，则文词简朴，只记官位、姓名、死葬年月，可为证明。故高昌文化，自侯君集平高昌后，又有一度之转变矣。

陶类一　瓶　·第一版

单耳瓶

第一图（一一二四）

雅尔崖沟北古坟茔出土
口径七五糎
颈长五一糎
腹围三六九糎
深一三一糎
通高一四四糎

约$\frac{2}{3}$

单耳瓶（写形着色）

插第一图

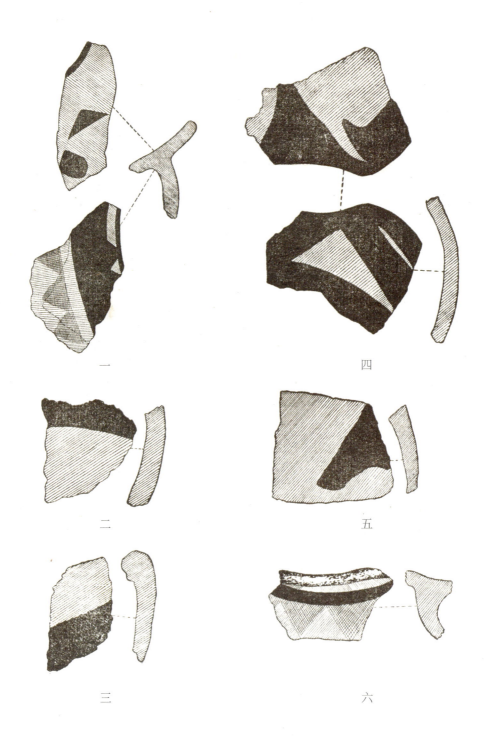

一　　二　　三　　四　　五　　六

雅尔崖古城彩色陶片纹样摹写

插第二图一至一二

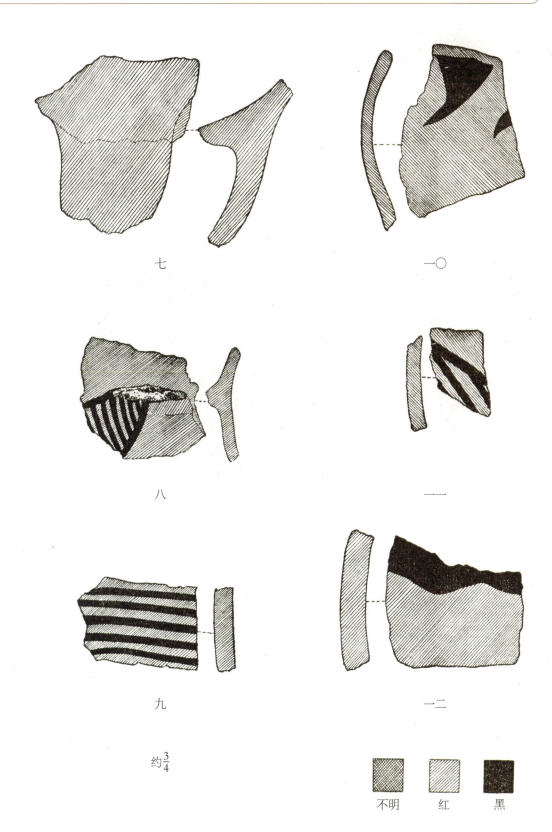

七

一〇

八

一一

九

一二

约$\frac{3}{4}$

不明　　　　红　　　　黑

陶类二　钵 ·第二版

圆底浅钵

第二图（一三三二）

雅尔崖沟北沙梁东第三冢出土
口径二四九糎
腹围六九六糎
深七三糎
通高八四糎

·第三版

圆底浅钵

第三图（一二八六）

雅尔崖沟北沙梁西第五冢出土
口径二六七糎
腹围七六二糎
深六九糎
通高八四糎

·第四版

圆底浅钵

第四图（一二七四）

雅尔崖沟北沙梁西第六冢出土
口径二六〇糎
腹围七五二糎
深八一糎
通高九二糎

· 第五版

圆底浅钵

第五图（一三六九）

雅尔崖沟北沙梁西第六冢出土
口径二一九粴
腹围三五七粴
深四九粴
通高六三粴

· 第六版

平口小钵

第六图（一〇九九）

雅尔崖沟北古坟茔出土
口径一四四糎
腹围四〇八糎
深三七糎
通高五四糎

平口小钵

第七图（一二八四）

雅尔崖沟北古坟茔出土
口径一三八糎
腹围三九六糎
深三三糎
通高四二糎

平口小钵

第八图（一〇六三）

雅尔崖沟北古坟茔出土
口径一〇八糎
腹围三一二糎
深三一糎
通高四二糎

·第七版

平口小钵

第九图（一〇九五）

雅尔崖沟北沙梁西第六冢出土
口径一〇八糎
腹围三二七糎
深三三糎
通高四一糎

平口小钵

第一〇图（一一〇四 B）

雅尔崖沟北古坟茔出土
口径九九糎
腹围二八二糎
深三六糎
通高四二糎

俯口小钵

第一一图（一一〇四 A）

雅尔崖沟北古坟茔出土
口径八四糎
腹围二九七糎
深四八糎
通高五七糎

陶类三　把杯 ·第八版

桶状把杯

第一二图（一〇九四）

雅尔崖沟北沙梁西第四冢出土
口径八七糎
底径八七糎
腹围二七三糎
深一〇五糎
通高一一七糎

桶状把杯

第一三图（一二二九）

雅尔崖沟北古坟茔出土
口径七八糎
底径七二糎
腹围二四三糎
深八七糎
通高九六糎

桶状把杯

第一四图（一三四三）

雅尔崖沟北古坟茔出土
口径七五糎
底径七二糎
腹围二二八糎
深八七糎
通高九三糎

桶状把杯

第一五图（一三四二）

雅尔崖沟北古坟茔出土
口径七八糎
底径七五糎
腹围二四三糎
深八一糎
通高八七糎

桶状把杯

第一六图（一三四四）

雅尔崖沟北沙梁西第五冢出土
口径八七糎
底径八一糎
腹围二六四糎
深七五糎
通高八四糎

桶状把杯

第一七图（一三四七）

雅尔崖沟北古坟茔出土
口径一〇五糎
底径九九糎
腹围三二二糎
深一二六糎
通高一三五糎

· 第一〇版

圆底把杯

第一八图（一一一二）

雅尔崖沟北沙梁西第五冢出土
口径六六糎
腹围二七九糎
深六九糎
通高八一糎

碗状把杯（把残）

第一九图（一三四一）

雅尔崖沟北沙梁西第五冢出土
口径九〇糎
底径六六糎
腹围二九四糎
深四八糎
通高六三糎

把盏（附）

第二〇图（一三四五）

雅尔崖沟北古坟茔出土
口径九九糎
腹围三二四糎
深三三糎
通高五一糎

·第一版　　**附录　石类一**

石斧

第一图（一一九）
_____

雅尔崖沟北沙梁东第三冢出土
长一二七糎
宽五六糎
厚二三糎

附录 骨类二 ·第二版

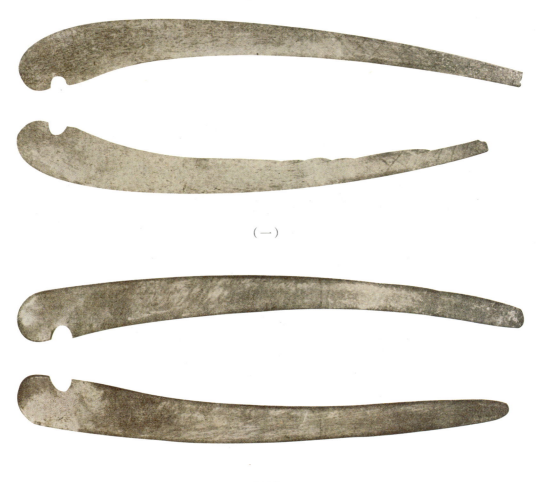

（一）

（二）

骨签

第二至第三图（一八八七）

雅尔崖沟北沙梁西第八冢出土

（一）长二〇一粍，上宽二四粍，下宽六粍，厚三粍，长一九六粍，上宽二二粍，下宽六粍，
厚三粍

（二）长一九八粍，上宽一九粍，下宽八粍，厚六粍，长一九一粍，上宽一九粍，下宽六粍，
厚四粍

·第三版　　**附录　铜类三**

铜兽环写形
（原样大）

骨矢镞带木杆

第四图（一二八六）

雅尔崖沟北沙梁西第七冢出土
杆长一六二粿
矢镞长一八粿
通长一八〇粿

铜兽环

第五图（一〇三六）

雅尔崖沟北沙梁北第一冢出土
上圆直径八粿
下圆直径三〇粿
横径二〇粿
边宽五粿

$\frac{3}{4}$

三

$\frac{1}{2}$

四

$\frac{2}{3}$

五

$\frac{2}{3}$

六

沟北陶器剖面

插第三至六图

三（6）四（2）五（5）六（4）（括弧内为图版号数，下同）

沟北陶器剖面

插第七至十四图

七（7） 八（8） 九（9） 一〇（10） 一一（13） 一二（17） 一三（18） 一四（19）

图版 乙 沟西及沟南

陶类一　盆 ·第一一版

兽形足盆

第二一图（一〇六六）

雅尔崖沟西刘茔旁 A 院与刘□□墓表同出土

口径二五八糎

底径一七〇糎

腹围七四七糎

深一〇五糎

足高三六糎

通高一五七糎

兽形足盆

第二二图（一〇六七）

雅尔崖沟西唐茔第七冢与唐㳇墓表同出土

唐上元二年（西纪六七五）

口径二二八糎

底径一六五糎

腹围六五二糎

深九〇糎

足高四一糎

通高一三八糎

·第一三版

里面

第二二图（一〇六七）

说见前

约$\frac{1}{2}$

一五

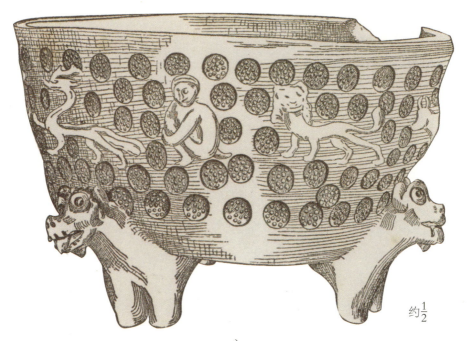

约$\frac{1}{2}$

一六

兽形足盆写形（一着色）

插第一五至一六图 一五（22） 一六（21）

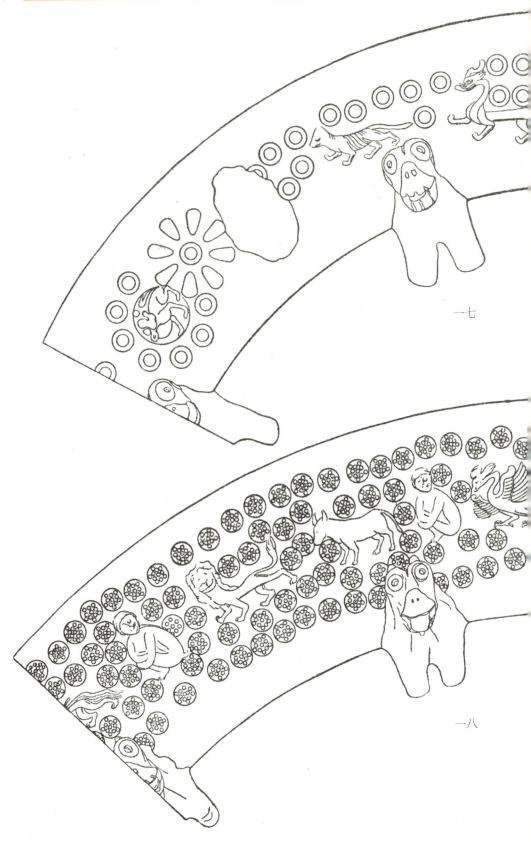

一七

一八

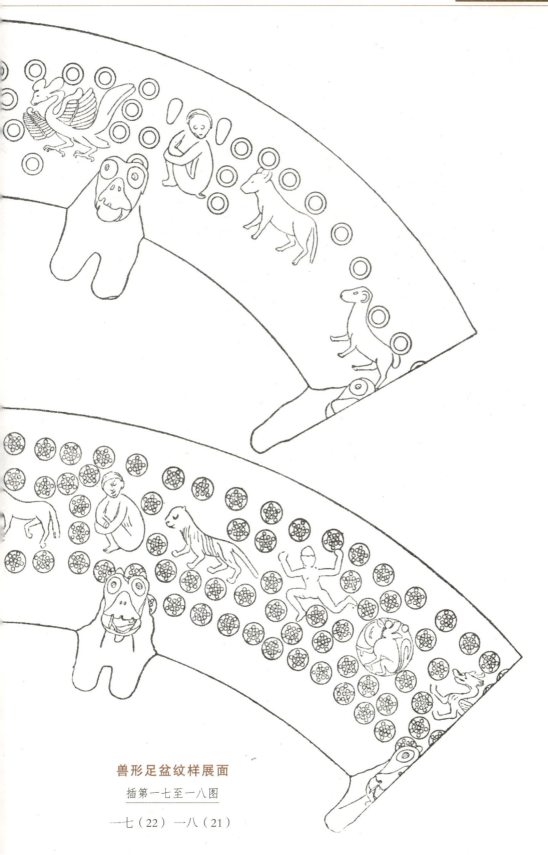

兽形足盆纹样展面

插第一七至一八图

一七（22） 一八（21）

· 第一四版

驼蹄足盆

第二三图（一二一七）

雅尔崖沟西唐茔第一五冢与□氏墓表同出土

高昌延寿四年（西纪六二七）

口径二四一糎

底径一九〇糎

腹围七〇〇糎

深一二六糎

足高四六糎

通高一八五糎

驼蹄足盆

第二四图（一三〇二）

雅尔崖沟南索茔第三冢出土
口径二九〇糎
底径二〇一糎
腹围八三七糎
深一四四糎
足高二九糎
通高一九〇糎

・第一六版

驼蹄足盆

第二五图（一○八○）

雅尔崖沟南索茔第一冢与索显忠及妻曹氏张氏墓表同出土

高昌延昌卅一年（西纪六○一）、十三年（西纪五七三）、卅五年（西纪五九五）

口径二八九糎

底径二一○糎

腰围八三四糎

深一五二糎

足高三七糎

通高二○一糎

牛蹄足盆

第二六图（一〇八三）

雅尔崖沟南索莖第三冢出土
口径二七七糎
底径二一九糎
腹围八一一糎
深一七五糎
足高七四糎
通高二六八糎

·第一八版

牛蹄足盆

第二七图（一四五八）

雅尔崖沟西画茔第二冢与画神邕墓表同出土
高昌延昌廿二年（西纪五八二）
口径二六三糎
底径一九八糎
腹围七四四糎
深一四一糎
足一高八二糎，余二约七〇糎
通高二三六糎

牛蹄足盆

第二八图（一三三〇）

雅尔崖沟南索荃第一冢与索显忠及曹氏张氏墓表同出土

高昌延昌卌一年（西纪六〇一）、十三年（西纪五七三）、卅五年（西纪五九五）

口径二六三糎

底径二二七糎

腹围八〇二糎

深一一七糎

足高五六糎

通高一八六糎

· 第二〇版

牛蹄足盆

第二九图（一二八六）

雅尔崖沟西史荤第一冢与史伯悦及妻麹氏墓表同出土
高昌延寿八年（西纪六三一）、唐永徽五年（西纪六五四）
口径二七一粐
底径二三〇粐
腹围八一〇粐
深一六五粐
足高九二粐
通高二六八粐

羊蹄足盆

第三〇图（一一五七）

雅尔崖沟南索茔第三冢出土
口径二九九粍
底径二三一粍
腹围八三九粍
深一四七粍
足高八〇粍
通高二四八粍

陶类二　瓿　·第二二版

漏底瓿

第三一图（一二六〇）

雅尔崖沟西田茔第二冢与田绍贤墓表同出土
高昌建昌五年（西纪五五九）
口径三二五糎
底径一八三糎
腹围八五五糎
深二〇二糎
通高二一三糎

漏底甑

第三二图（一三二九）

雅尔崖沟西唐茔第三冢与唐舒平及唐元护妻令狐氏墓表同出土

高昌义和四年（西纪六一七）、延和二年（西纪六○三）

口径二五七糎

底径一五六糎

腹围七二三糎

深一八六糎

通高二○二糎

一九

二〇

驼蹄足盆剖面

插第一九至二〇图

一九（24） 二〇（23）

$\frac{2}{5}$

二一

牛蹄足盆写形

插第二一图（29）

$\frac{1}{3}$

二二

漏底甑写形

插第二二图（31）

121

陶类三　瓮 ·第二四版

撮口瓮

第三三图（一二七六）

雅尔崖沟西刘茔第三冢与刘保欢墓表同出土

高昌重光元年（西纪五〇〇）

口径八一糎

底径一〇一糎

腹围五五四糎

深二一六糎

通高二四三糎

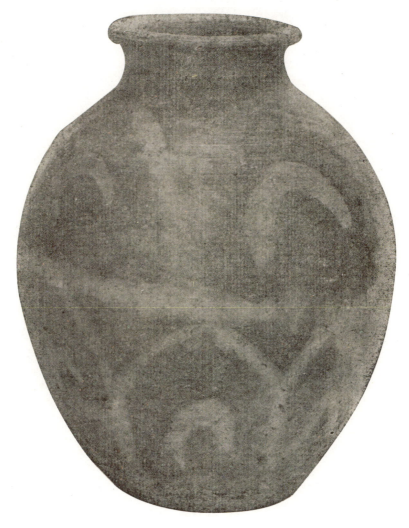

卷口瓮

第三四图（一二七七）

雅尔崖沟南索荃第一冢与索显忠及妻曹氏张氏墓表同出土

高昌延昌卅一年（西纪六〇一）、十三年（西纪五七三）、卅五年（西纪五九五）

口径九五糎

底径九八糎

腹围五九六糎

深二一三糎

通高二三八糎

· 第二六版

卷口瓮

第三五图（一一七七）

雅尔崖沟西孟莹第二冢与孟孝口墓表同出土

高昌延昌廿一年（西纪五八一）

口径八粍

底径一〇六粍

腹围五六八粍

深二〇四粍

通高二二三粍

卷口瓷

第三六图（一○七一）

雅尔崖沟西田茔旁曹茔一与曹孟祐墓表同出土

高昌延昌七年（西纪五六七）

口径八五糎

底径九二糎

腹围五六四糎

深一九二糎

通高二一七糎

· 第二八版

卷口瓷

第三七图（一一一三）

雅尔崖沟西刘荤第一冢出土
口径八六糎
底径一〇二糎
腹围五八三糎
深二一九糎
通高二四一糎

卷口瓮

第三八图（一四一〇）

雅尔崖沟西唐茔第三冢与唐舒平及唐元护妻令狐氏墓表同出土
高昌义和四年（西纪六一七）、延和二年（西纪六〇三）
口径一一五糎
底径一〇一糎
腹围五六五糎
深一七七糎
通高一九七糎

· 第三〇版

卷口瓮

第三九图（一四〇八）

雅尔崖沟西唐莹第三冢与唐舒平及唐元护妻令狐氏墓表同出土
高昌义和四年（西纪六一七）、延和二年（西纪六〇三）
口径一一三糎
底径九四糎
腹围五八九糎
深二〇四糎
通高二二四糎

卷口瓮

第四〇图（一二三七）

雅尔崖沟西唐茔第一五冢与囗氏墓表同出土
高昌延寿四年（西纪六二七）
口径一〇六糎
底径九四糎
腹围五五九糎
深二〇一糎
通高二一五糎

・第三二版

卷口瓮

第四一图（一二七五）

雅尔崖沟西唐茔第三冢与唐舒平及唐元护妻令狐氏墓表同出土
高昌义和四年（西纪六一七）、延和二年（西纪六〇三）
口径一一二糎
底径一〇八糎
腹围五六七糎
深一九五糎
通高二一九糎

陶瓮剖面及写形

插第二三至二七图

二三（33） 二四（35） 二五（41） 二六（37） 二七（38）

陶类四　瓶　·第三三版

单耳瓶

第四二图（一〇七二）

雅尔崖沟南索荦第三冢出土
口径八二糎
底径一〇三糎
腹围五二八糎
深二一九糎
耳高七六糎
通高二五〇糎

·第三四版

单耳瓶

第四三图（一〇七三）

雅尔崖沟南索荃第三冢出土

口径八七糎

底径七九糎

腹围五〇六糎

深二二五糎

耳高七九糎

通高二五〇糎

·第三五版

单耳瓶

第四四图（一二〇八）

雅尔崖沟西麴荃第一冢与麴弹那及麴那妻白阿度墓表同出土
高昌延昌十七年（西纪五七七）、建昌四年（西纪五五八）

口径八〇糎

底径六四糎

腹围三九二糎

深一四四糎

耳高五六糎

通高一六八糎

·第三六版

单耳瓶

第四五图（一二三〇）

雅尔崖沟西刘茔旁 A 茔出土

口径一一〇糎

底径一〇八糎

腹围五三五糎

深一九二糎

耳高七五糎

通高二〇四糎

陶类五　壶 ·第三七版

波纹壶

第四六图（一一八〇）

雅尔崖沟西唐茔第一五冢与□氏墓表同出土

高昌延寿四年（西纪六二七）

口径一〇一糎

底径九五糎

腹围五六〇糎

深一六二糎

通高一七八糎

波纹壶

第四七图（一二四七）

雅尔崖沟南索茔第三冢出土
口径九三糎
底径八〇糎
腹围五一四糎
深一六五糎
鼻高二八糎
通高一七八糎

· 第三九版

波纹壶

第四八图（一二四三）

雅尔崖沟西古坟茔出土
口径一〇四糎
底径九五糎
腹围五六五糎
深一五九糎
通高一七〇糎

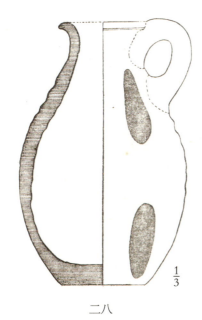

二八

$\frac{1}{3}$

二九

$\frac{1}{2}$

单耳瓶剖面

插第二八至二九图

二八（43）二九（44）

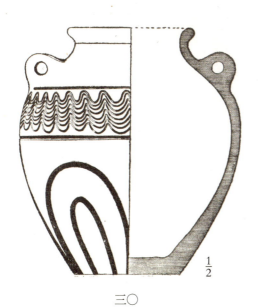

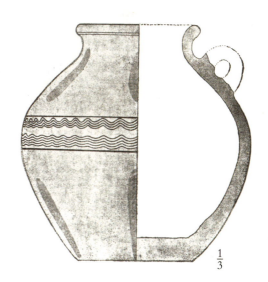

三〇

$\frac{1}{2}$

三一

$\frac{1}{3}$

波纹壶剖面

插第三〇至三一图

三〇（47）三一（46）

陶类六　罂 ·第四〇版

卷口罂

第四九图（一一二〇）

雅尔崖沟西唐茔第一五冢与囗氏墓表同出土
高昌延寿四年（西纪六二七）
口径八八糎
底径六九糎
腹围四八三糎
深一二五糎
通高一四二糎

汤罂

第五〇图（一三九五）

雅尔崖沟南索茔第一冢与索显忠及妻曹
氏张氏墓表同出土
高昌延昌卅一年（西纪六〇一）、十三年
（西纪五七三）、卅五年（西纪五九五）
口径八三糎
底径六一糎
腹围四一三糎
深一四四糎
鼻高三六糎
通高一五四糎

汤罂

第五一图（一一九九）

雅尔崖沟西唐茔第一冢与唐耀谦及唐幼
谦墓表同出土
高昌义和二年（西纪六一五）、延寿八
年（西纪六三一）
口径七三糎
底径五八糎
腹围三四六糎
深一〇七糎
鼻高三六糎
通高一一六糎

陶类七　瓵 ·第四二版

卷口瓵

第五二图（一一一八）

雅尔崖沟西氾莁与氾灵岳墓表同出土

高昌章和十八年（西纪五四八）

口径八三糎

底径六二糎

腹围三六八糎

深七九糎

通高八八糎

卷口瓵

第五三图（一一一八）

雅尔崖沟西氾莁与氾灵岳墓表同出土

高昌章和十八年（西纪五四八）

口径一〇四糎

底径七八糎

腹围四三七糎

深八一糎

通高八九糎

蒲纹瓶

第五四图（一一一九）

雅尔崖沟西任茔第一〇冢与任口慎妻墓表同

出土

高昌延昌十三年（西纪五七三）

口径九九糎

底径七九糎

腹围四五八糎

深一二五糎

通高一三六糎

磨纹瓶

第五五图（一二三三）

雅尔崖沟西古坟茔出土

口径八三糎

底径八三糎

腹围三九六糎

深七五糎

通高八八糎

三二

卷口罍写形

插第三二图（49）

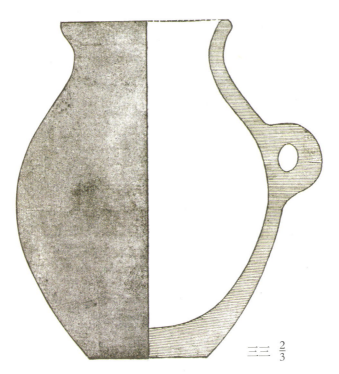

三三 $\frac{2}{3}$

汤罍剖面

插第三三图（50）

三四 $\frac{2}{3}$

蒲纹瓿写形

插第三四图（54）

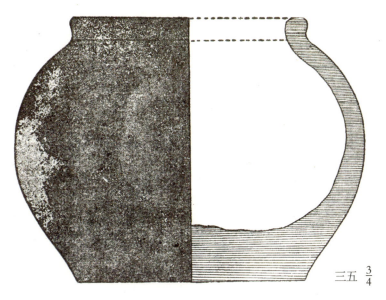

三五 $\frac{3}{4}$

磨纹瓿剖面

插第三五图（55）

· 第四四版

卷口瓿

第五六图（一二二六）

雅尔崖沟西唐茔第一四冢与唐阿明及妻张氏
墓表同出土
高昌延寿四年（西纪六二七）、十一年（西
纪六三四）
口径八〇糎
底径八六糎
腹围三九五糎
深———糎
通高一二二糎

卷口瓿

第五七图（一二三一）

雅尔崖沟西袁茔第一冢出土
口径七六糎
底径六七糎
腹围三五七糎
深一一二糎
通高一二七糎

卷口瓿

第五八图（一二一〇）

雅尔崖沟西张茔第二冢与张买得及妻王氏墓
表同出土

高昌延昌十五年（西纪五七五）、廿八年（西
纪五八八）

口径八七糎

底径八一糎

腹围四三三糎

深一三二糎

通高一四一糎

卷口瓿

第五九图（一〇七六）

雅尔崖沟西孟茔第五冢与孟子墓表同出土

高昌延和八年（西纪六〇九）

口径八〇糎

底径六三糎

腹围三五四糎

深九三糎

通高九八糎

· 第四六版

轳纹瓶

第六〇图（一二一六）

雅尔崖沟西古坟茔出土

口径七〇糎

底径六九糎

腹围三四八糎

深一二六糎

通高一三九糎

轳纹瓶

第六一图（一二九七）

雅尔崖沟西麴茔第二冢与麴庆瑜墓表同出土

高昌重光三年（西纪五〇二）

口径六三糎

底径七二糎

腹围三三〇糎

深一二〇糎

通高一二九糎

莲纹瓿	条纹瓿
第六二图（一〇八〇）	第六三图（一二二二）
雅尔崖沟南索茔第一冢与索显忠及妻曹氏张氏墓表同出土	雅尔崖沟西唐茔第八冢与唐思文妻张氏墓表同出土
高昌延昌卅一年（西纪六〇一）、十三年（西纪五七三）、卅五年（西纪五九五）	唐永淳元年（西纪六八二）
口径八〇粗	口径六二粗
底径八四粗	底径七〇粗
腹围三四五粗	腹围二八〇粗
深八四粗	深九九粗
通高一〇〇粗	通高一〇五粗

· 第四八版

薄口瓿

第六四图（一一四〇）

雅尔崖沟西唐茔第二冢出土
口径五二糎
底径五五糎
腹围二九四糎
深八〇糎
通高八五糎

双耳瓿

第六五图（一三八〇）

雅尔崖沟南索茔第一冢与索显
忠及妻曹氏张氏墓表同出土
高昌延昌卅一年（西纪
六〇一）、十三年（西纪
五七三）、卅五年（西纪
五九五）
口径四二糎
底径四七糎
腹围二七四糎
深八七糎
耳高三一糎
通高九一糎

双鼻瓿

第六六图（一三〇二）

雅尔崖沟南索茔第三冢出土
口径七七糎
底径五七糎
腹围三一三糎
深六九糎
鼻高二九糎
通高八一糎

瓠形瓿

第六七图（一三六一）

雅尔崖沟西刘茔第一冢出土
口径五九糎
底径四七糎
腹围二八八糎
深六〇糎
通高七〇糎

瓠形瓿

第六八图（一三六八）

雅尔崖沟南索茔第三冢出土
口径四〇糎
底径三五糎
腹围二二七糎
深五一糎
通高五七糎

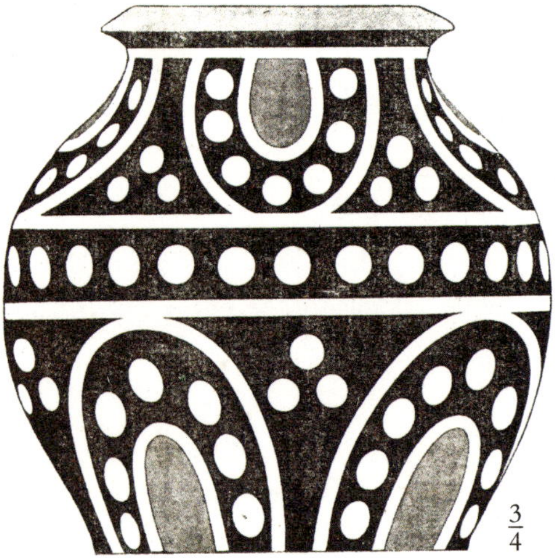

3/4

三六

卷口瓿写形

插第三六图（56）

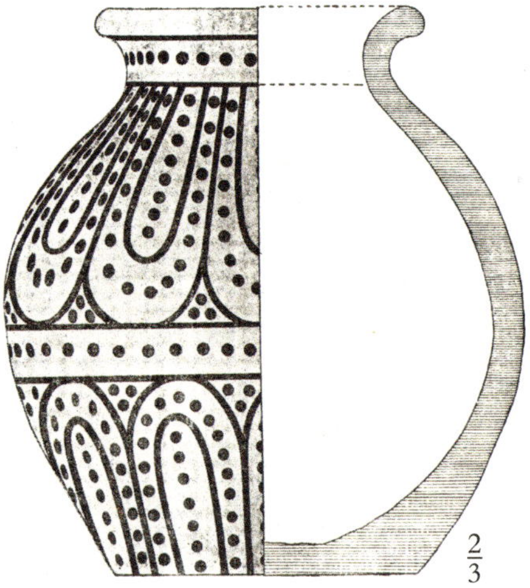

2/3

三七

卷口瓿剖面

插第三七图（58）

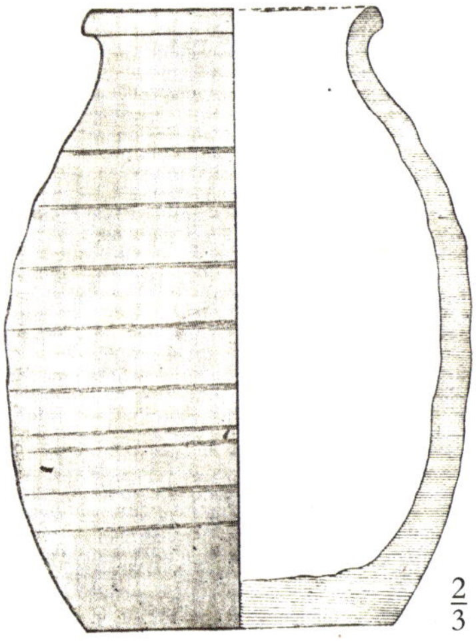

2/3

三八

辘纹瓿剖面

插第三八图（61）

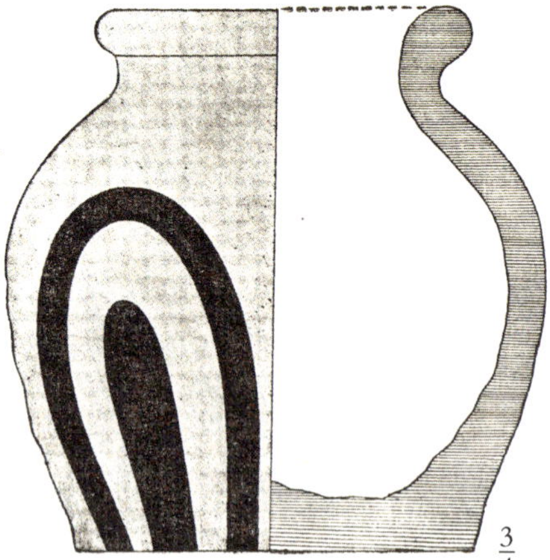

3/4

三九

莲纹瓿剖面

插第三九图（62）

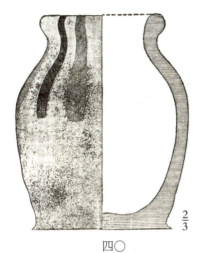

四〇

条纹瓿剖面

插第四〇图（36）

四一

薄口瓿剖面

插第四一图（46）

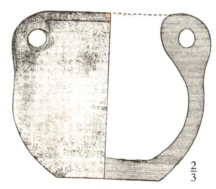

四二

双鼻瓿剖面

插第四二图（66）

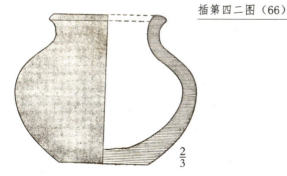

四三

瓠形瓿剖面

插第四三图（67）

四四

瓠形瓿写形

插第四四图（68）

陶类八　盂 ·第五〇版

纯素盂

第六九图（一二一三）

雅尔崖沟南索茔第三冢出土
口径三三七糎
底径一七四糎
腹围九七五糎
深一三八糎
通高一五一糎

俯口盂

第七〇图（一四〇九 B）

雅尔崖沟南索茔第三冢出土
口径一六五糎
底径九六糎
腹围五五一糎
深八七糎
通高九四糎

俯口盂

第七一图（一四〇九 A）

雅尔崖沟南索茔第三冢出土
口径一六二糎
底径八七糎
腹围五五六糎
深八八糎
通高一〇四糎

· 第五二版

俯口盂

第七二图（一二〇〇 C）

雅尔崖沟西刘茔第一冢出土
口径一三九糎
底径八二糎
腹围四六九糎
深六九糎
通高八〇糎

俯口盂

第七三图（一二〇〇 B）

雅尔崖沟西刘茔第一冢出土
口径一四四糎
底径八七糎
腹围四八八糎
深六三糎
通高七四糎

俯口盂

第七四图（一二〇〇A）

雅尔崖沟西刘茔第一冢出土
口径一五一糎
底径九四糎
腹围四八八糎
深六六糎
通高七〇糎

俯口盂

第七五图（一二一一C）

雅尔崖沟西任茔第一冢与任叔
达妻袁氏及任氏附夫人袁氏墓
表同出土
高昌建昌二年（西纪五五六）、
延昌元年（西纪五六一）
口径一三三糎
底径七八糎
腹围四二八糎
深五七糎
通高六二糎

· 第五四版

俯口盂

第七六图（一二九六 A）

雅尔崖沟西任茔第一〇冢与任
口慎妻墓表同出土
高昌延昌十三年（西纪五七三）
口径一五五糎
底径七五糎
腹围四九八糎
深七五糎
通高八五糎

俯口盂

第七七图（一三七一 C）

雅尔崖沟西唐茔第三冢与唐元
护妻令狐氏及唐舒平墓表同出
土
高昌延和二年（西纪六〇三）、
义和四年（西纪六一七）
口径一六二糎
底径九一糎
腹围五三六糎
深七六糎
通高八九糎

·第五五版

俯口盂

第七八图（一一五〇D）

雅尔崖沟西马茔第一八冢与马
氏墓表同出土
高昌延昌卅一年（西纪六〇一）
口径一五七糎
底径七七糎
腹围五一五糎
深七二糎
通高七七糎

俯口盂

第七九图（一三〇三B）

雅尔崖沟西画茔第四冢与画儒
子墓表同出土
高昌延昌十九年（西纪五七九）
口径一三二糎
底径七〇糎
腹围一二九糎
深六六糎
通高八一糎

・第五六版

俯口盂

第八〇图（一三九七 B）

雅尔崖沟西唐茔第一冢与唐幼
谦及唐耀谦墓表同出土
高昌义和二年（西纪六一五）、
延寿八年（西纪六三一）
口径一四九糎
底径八五糎
腹围四八五糎
深六三糎
通高七八糎

俯口盂

第八一图（一一五〇 C）

雅尔崖沟西马茔第一八冢与马
氏墓表同出土
高昌延昌卅一年（西纪六〇一）
口径一四五糎
底径七七糎
腹围四八〇糎
深六三糎
通高七五糎

彩绘盂

第八二图（一一九四 A）

雅尔崖沟西麴茔第五冢出土
口径一四二粴
底径八〇粴
腹围四六二粴
深六六粴
通高七八粴

彩绘盂

第八三图（一一四〇 A）

雅尔崖沟西唐茔旁第二冢出土
口径一二一粴
底径七一粴
腹围三九七粴
深四八粴
通高六〇粴

・第五八版

碗状盂

第八四图（一三九七A）

雅尔崖沟西唐茔第一冢与唐幼
谦及唐耀谦墓表同出土
高昌义和二年（西纪六一五）、
延寿八年（西纪六三一）
口径一六九糎
底径八三糎
腹围五一四糎
深八〇糎
通高八五糎

碗状盂

第八五图（一三六五C）

雅尔崖沟西唐茔第三冢与唐元
护妻令狐氏及唐舒平墓表同出
土
高昌义和二年（西纪六〇三）、
延和四年（西纪六一七）
口径一四四糎
底径七三糎
腹围四五三糎
深六三糎
通高七五糎

·第五九版

碗状盂

第八六图（一二六四 A）

雅尔崖沟西刘茔第三冢与刘保
欢墓表同出土
高昌重光元年（西纪五〇〇）
口径一六〇粴
底径八八粴
腹围五一七粴
深八一粴
通高九九粴

碗状盂

第八七图（一二六四 B）

雅尔崖沟西刘茔第三冢与刘保
欢墓表同出土
高昌重光元年（西纪五〇〇）
口径一四二粴
底径七八粴
腹围四五二粴
深七八粴
通高八八粴

· 第六〇版

碗状盂

第八八图（一一七五 B）

雅尔崖沟西古坟茔出土
口径一三二糎
底径八〇糎
腹围四三六糎
深六六糎
通高八五糎

碗状盂

第八九图（一二一一 B）

雅尔崖沟西任茔第一冢与任叔
达妻袁氏及任氏附夫人袁氏墓
表同出土
高昌建昌二年（西纪五五六）、
延昌元年（西纪五六一）
口径一三九糎
底径八三糎
腹围四四〇糎
深七五糎
通高八七糎

· 第六一版

辘纹盂

第九〇图（一三九四 C）

雅尔崖沟西唐茔第四冢与唐忠
贤妻高氏墓表同出土
高昌延昌十三年（西纪五七三）
口径一四九糎
底径八一糎
腹围四七四糎
深六九糎
通高七七糎

辘纹盂

第九一图（一三〇二 B）

雅尔崖沟南索茔第三冢出土
口径一三三糎
底径七七糎
腹围四三三糎
深六三糎
通高八〇糎

· 第六二版

斑彩盂

第九二图（一三〇九 D）

雅尔崖沟西刘茔旁 A 茔出土
口径一四五糎
底径七八糎
腹围四七九糎
深七三糎
通高八五糎

斑彩盂

第九三图（一三五一 A）

雅尔崖沟西赵茔第一冢与赵僧
胤墓表同出土
高昌义和三年（西纪六一六）
口径一四〇糎
底径七四糎
腹围四五〇糎
深八一糎
通高九五糎

·第六三版 **陶类九　碗**

叶纹碗

第九四图（一一六五）

雅尔崖沟西麴茔第二冢与麴庆
瑜墓表同出土

高昌重光三年（西纪五○二）

口径一三六糎

底径八三糎

腹围四一八糎

深九六糎

通高七八糎

斑彩碗

第九五图（一三五一B）

雅尔崖沟西赵茔第一冢与赵僧
胤墓表同出土

高昌义和三年（西纪六一六）

口径一三五糎

底径七九糎

腹围四○八糎

深六四糎

通高八一糎

・第六四版

圆底碗

第九六图（一〇八八 C）

雅尔崖沟西任茔第一四冢与任
阿悦墓表同出土
唐贞观十五年（西纪六四一）
口径一四二糎
底径六二糎
腹围四二七糎
深七二糎
通高八〇糎

辘纹碗

第九七图（一二〇二 A）

雅尔崖沟西唐茔第一二冢出土
口径一四一糎
底径八二糎
腹围四二五糎
深七二糎
通高八五糎

辘纹碗

第九八图（一一〇五 A）

雅尔崖沟南索茔第三冢出土
口径一四二糎
底径八五糎
腹围四一八糎
深八八糎
通高一〇三糎

桶状碗

第九九图（一三二八 A）

雅尔崖沟西麹茔第二冢与麹庆
瑜墓表同出土
高昌重光三年（西纪五〇二）
口径一二二糎
底径八二糎
腹围三五八糎
深七三糎
通高八八糎

陶类十　杯 ·第六六版

碗状杯

第一〇〇图（一一四〇D）

雅尔崖沟西唐茔旁第二冢出土
口径一〇五糎
底径六三糎
腹围三〇七糎
深五四糎
通高五七糎

碗状杯

第一〇一图（一三三七）

雅尔崖沟西古坟茔出土
口径九六糎
底径五五糎
腹围三〇〇糎
深四四糎
通高五五糎

碗状杯

第一〇二图（一一一七 B）

雅尔崖沟西孟荃第五冢与孟子
墓表同出土
高昌延和八年（西纪六〇九）
口径八六粍
底径五八粍
腹围二七一粍
深四六粍
通高五二粍

莲纹杯

第一〇三图（一二二八）

雅尔崖沟西古坟荃出土
口径八〇粍
底径五四粍
腹围二六〇粍
深四二粍
通高五〇粍

·第六七版

纯素杯

第一〇四图（一二六四 C）

雅尔崖沟西刘茔第三冢与刘保
欢墓表同出土
高昌重光元年（西纪五〇〇）
口径七九糎
底径四八糎
腹围二五五糎
深三七糎
通高四四糎

俯口杯

第一〇五图（一三七五 B）

雅尔崖沟西孟茔第五冢与孟子
墓表同出土
高昌延和八年（西纪六〇九）
口径九六糎
底径六九糎
腹围三二一糎
深二七糎
通高四一糎

俯口杯

第一〇六图（一一三四 C）

雅尔崖沟西刘莹第一冢出土
口径八〇糎
底径五五糎
腹围二六七糎
深三〇糎
通高三九糎

俯口杯

第一〇七图（一一二二 A）

雅尔崖沟西刘莹第二冢与刘氏
墓表同出土
高昌延昌廿七年（西纪五八七）
口径八二糎
底径六二糎
腹围二六六糎
深三〇糎
通高三八糎

・第六九版

俯口杯

第一〇八图（一一六七Ⅰ）

雅尔崖沟西马茔第一八冢与马
氏墓表同出土
高昌延昌卅一年（西纪六〇一）
口径八〇糎
底径四九糎
腹围二六七糎
深三六糎
通高四五糎

俯口杯

第一〇九图（一一四〇E）

雅尔崖沟西唐茔旁第二冢出土
口径七九糎
底径五六糎
腹围二六七糎
深三〇糎
通高四〇糎

俯口杯

第一一〇图（一一七四 C）

雅尔崖沟西古坟茔出土
口径九四糎
底径五〇糎
腹围三〇二糎
深三〇糎
通高四一糎

俯口杯

第一一一图（一四〇七 D）

雅尔崖沟西唐茔第二冢与唐仲
谦墓表同出土
高昌延和十年（西纪六一一）
口径七五糎
底径四六糎
腹围二四五糎
深三一糎
通高四一糎

陶类十一　盘 ·第七〇版

磨纹圆底盘

第一一二图（一二三九 B）

雅尔崖沟西曹茔第一冢与曹智茂墓表同出土
高昌延昌卅七年（西纪五九七）
口径一六二糎
底径一〇〇糎
围五〇七糎
深二〇糎
通高二九糎

·第七一版 **陶类十二 碟**

盘状碟

第一一三图（一三四八 B）

雅尔崖沟西唐茔第一〇冢与唐
妻辛英疆墓表同出土
唐贞观廿一年（西纪六四七）
口径一二二糎
底径六九糎
围三八七糎
深三〇糎
通高四三糎

盘状碟

第一一四图（一三九六 A）

雅尔崖沟西唐茔第七冢与唐㵾
墓表同出土
唐上元二年（西纪六七五）
口径一〇八糎
底径五八糎
围三四二糎
深二七糎
通高三六糎

盘状浅碟

第一一五图（一三四八 D）

雅尔崖沟西唐茔第一〇冢与唐
妻辛英疆墓表同出土
唐贞观廿一年（西纪六四七）
口径八六糎
底径四七糎
围二七九糎
深一五糎
通高三三糎

盛丹碟

第一一六图（一三〇二 D）

雅尔崖沟南索茔第三冢出土
口径一〇四糎
底径七四糎
围三三三糎
深二一糎
通高二九糎

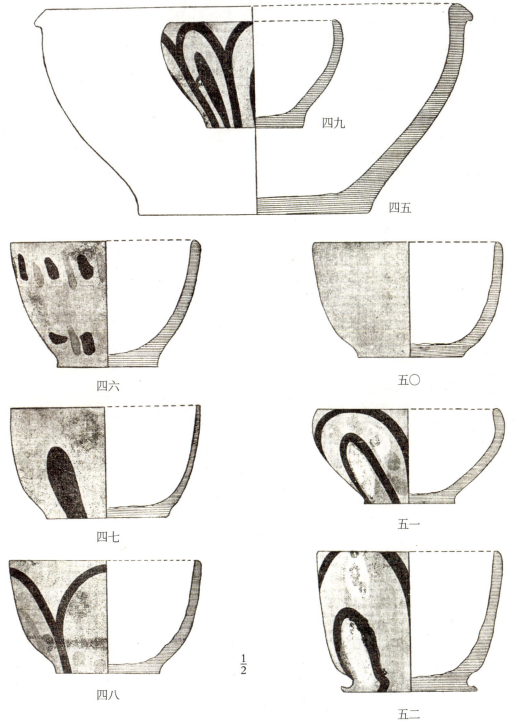

四九

四五

四六

五〇

四七

五一

四八

$\frac{1}{2}$

五二

合写盂、碗之剖面

插第四五图至五二图　四五（69）　四六（93）　四七（94）　四八（86）

四九（83）　五〇（88）　五一（72）　五二（98）

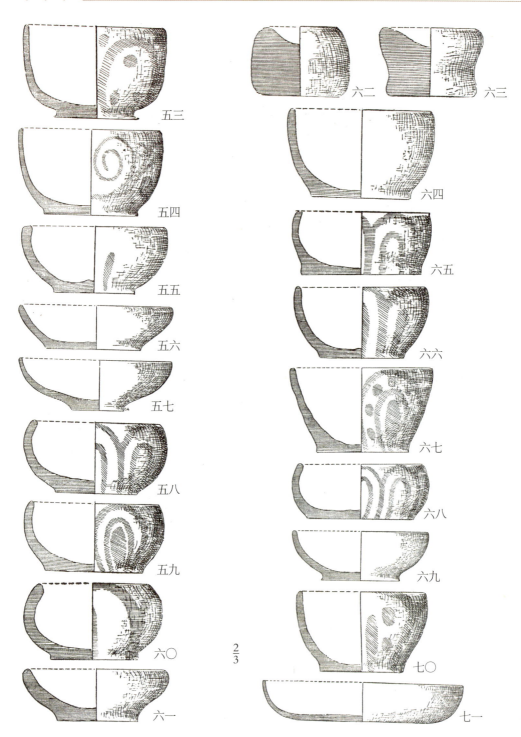

五三

五四

五五

五六

五七

五八

五九

六〇

六一

六二

六三

六四

六五

六六

六七

六八

六九

七〇

七一

$\frac{2}{3}$

合写杯、盘、碟之剖面

插第五三图至七一图　五三（102）　五四（101）　五五（110）　五六（116）　五七（114）　五八（109）

五九（106）　六〇（108）　六一（115）　六四（104）　六五（107）　六六（111）　六七（100）

六八（105）　六九（113）　七〇（103）　七一（112）

·第七二版　**陶类十三　豆**

圈足豆

第一一七图（一一七三）

雅尔崖沟西唐茔第一三冢与唐神护墓表同出土

唐贞观十八年（西纪六四四）

盘口径一二九粍

深三五粍

足径一○五粍

柄长五七粍

通高一三五粍

·第七三版

弦纹豆

第一一八图（一三九七 D）

雅尔崖沟西唐茔第一冢与唐幼谦及唐耀谦墓表同出土
高昌义和二年（西纪六一五）、延寿八年（西纪六三一）
盘口径一三五粍
深三三粍
足径一一一粍
柄长四二粍
通高九九粍

·第七四版

圈足豆

第一一九图（一一九三C）

雅尔崖沟西唐茔第一四冢与唐阿明及张氏墓表同出土
高昌延寿十一年（西纪六三四）、四年（西纪六二七）
盘口径一一七糎
深二五糎
足径九三糎
柄长三〇糎
通高九六糎

陶类十四　镫 ·第七五版

盘状镫

第一二〇图（一一二二C）

雅尔崖沟西刘茔第二冢与刘氏
墓表同出土
高昌延昌廿七年（西纪五八七）
盘口径一二〇糎
深三一糎
足径八一糎
通高六六糎

盘状镫

第一二一图（一一八五C）

雅尔崖沟西古坟茔出土
盘口径一〇八糎
深三一糎
足径七五糎
通高六〇糎

盘状镫

第一二二图（一三一八）

雅尔崖沟西刘茔旁 A 茔出土
盘口径一一一糎
深三五糎
足径六九糎
通高七八糎

盘状镫

第一二三图（一一五二 A）

雅尔崖沟西麹茔第一冢与麹那
妻白阿度及麹弹那及妻张氏墓
表同出土
高昌建昌四年（西纪五五八）、
延昌十七年（西纪五七七）
盘口径一二一糎
深二六糎
足径七五糎
通高六〇糎

· 第七七版

盘状镫

第一二四图（一三九九 D）

雅尔崖沟西孟茔第二冢与孟孝
口墓表同出土
高昌延昌廿一年（西纪五八一）
盘口径八四糎
深二〇糎
足径六〇糎
通高六六糎

窝状镫

第一二五图（一四〇七 B）

雅尔崖沟西唐茔第二冢与唐仲
谦墓表同出土
高昌延和十年（西纪六一一）
口径一一七糎
深三七糎
足径九〇糎
通高六九糎

窝状镫

第一二六图（一三一六A）

雅尔崖沟西赵荃第三冢与赵贞
仁墓表同出土
唐仪凤三年（西纪六七八）
口径九六糎
深二七糎
足径七八糎
通高六三糎

窝状镫

第一二七图（一一〇五C）

雅尔崖沟南索荃第三冢出土
口径八四糎
深二二糎
足径八一糎
通高六六糎

· 第七九版

碟状镫

第一二八图（一四〇三 B）

雅尔崖沟西卫茔第三冢出土
口径九六粍
深二一粍
底径七八粍
通高四五粍

泥杯状镫（附）

第一二九图（一一二一 F）

雅尔崖沟南索茔第三冢出土
口径七〇粍
深二一粍
底径四二粍
通高四〇粍

·第八〇版

泥弦纹残镫擎（附）

第一三〇图（一一八四）

雅尔崖沟西孟荦第一冢与孟宣宗墓表同出土
高昌和平四年（西纪五五二）
盘口已残，现存口径一〇二粒
深二四粒
足径一〇九粒
柄长六九粒
通高一三二粒

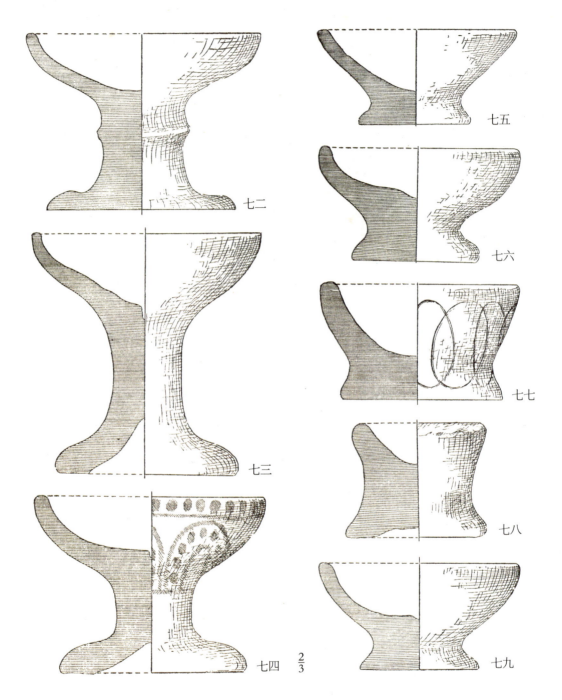

七二

七三

七四 $\frac{2}{3}$

七五

七六

七七

七八

七九

合写豆、镫剖面

插第七二图至七九图　七二（118）　七三（117）　七四（119）　七五（123）　七六（120）　七七（125）

七八（127）　七九（121）

（一）　　　　（二）

铜簪

第一图（一〇八〇）

雅尔崖沟西刘茔第八冢出土
长一六五糎

铜钗

第二图一至二（一〇八〇）

雅尔崖沟西刘茔第八冢与铜簪同出土
（一）长一二九糎
（二）长一三五糎（残一爵）

・第二版

（一）　　　（二）　　　（三）　　　（四）　　　（五）

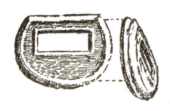

（一）
带饰写形（原样大）

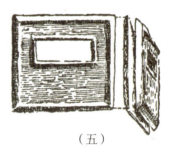

（五）

铜带饰

第三图一至五（一一六一）

雅尔崖沟西唐茔第一一冢出土
（一）至（四）长二九糎
宽二一糎
厚六糎
（五）长三〇糎
宽二七糎
厚六糎

·第三版

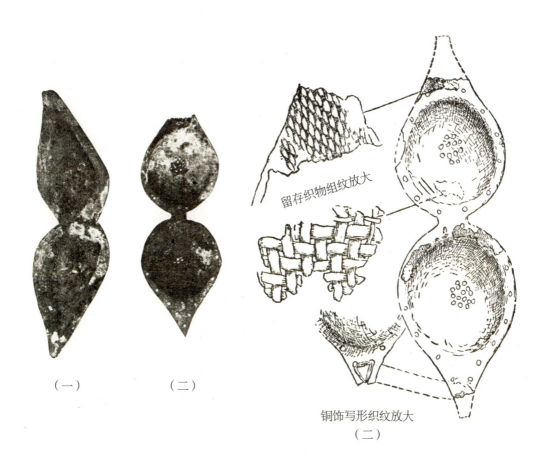

留存织物组纹放大

铜饰写形织纹放大
（二）

（一）　　　（二）

铜饰

第四图一至二（一二六〇）

雅尔崖沟西曹莹第五冢与曹武宣及妻苏氏墓表同出土
高昌延寿九年（西纪六三二）、八年（西纪六三一）
（一）通长一八〇粍左右
面部宽五七粍
中宽二七粍
（二）通长一一四粍左右
面部宽三九粍
中宽九粍

· 第四版

铜耳环

第五图（一四〇二）
___

雅尔崖沟南索茔第一冢与索妻曹氏张氏及索
显忠墓表同出土

高昌延昌十三年（西纪五七三）卅五年（西
纪五九五）、卅一年（西纪六〇一）

圆径一三糎

铜饰

第六图（一三〇二）
___

雅尔崖沟南索茔第三冢出土

长二七糎

上宽一八糎

下宽二一糎

厚五糎

铁件（附）

第七图（一三〇二）
___

雅尔崖沟南索茔第三冢出土

长三三糎

宽一二糎

· 第五版

（一）

（二）

（一）
铜件写形（原样大）

（二）

铜件

第八图一至二

雅尔崖古城中出土

（一）残铜器，带耳（一〇一〇）

口径二四糎

高二七糎

耳径二四糎

（二）残铜件（一〇一五）

长四五糎

宽二四糎

厚七糎

·第六版

（一）　　　　　　　　　　　　（二）

铜件

第九图一至二

雅尔崖古城中出土
（一）铜饰（一〇七三）
长七五糎　宽三五糎
（二）残铜片 记七片（一〇一五）
1 长九五糎　宽八七糎　　2 长四一糎　宽二二糎
3 长三四糎　宽二七糎　　4 长四一糎　宽二六糎
5 长三四糎　宽三七糎　　6 长四七糎　宽二六糎
7 长六三糎　宽三七糎

·第七版　附录　泥类二

（一）　　　　　　　（二）　　　　　　　（三）

泥俑（残）

第一〇图一至三（一三五九）

雅尔崖沟西刘茔第六冢与刘士恭墓表同出土
唐乾封元年（西纪六六六）
（一）高九六糎
腰围一〇二糎
（二）高九三糎
腰围九〇糎
（三）高七二糎
腰围一〇五糎

·第八版

（一）　　　　　　　（二）

<table>
<tr><td>泥残器</td><td>泥车毂</td></tr>
<tr><td>第一一图（一三六〇）</td><td>第一二图一至二（一三六〇）</td></tr>
<tr><td>雅尔崖沟西刘茔第五冢与刘住隆墓表同出土</td><td>雅尔崖沟西刘茔第五冢与刘住隆墓表同出土</td></tr>
<tr><td>唐显庆五年（西纪六六〇）</td><td>唐显庆五年（西纪六六〇）</td></tr>
<tr><td>纽径三六糎</td><td>（一）圆径六九糎</td></tr>
<tr><td>底径五七糎</td><td>厚二七糎</td></tr>
<tr><td>通厚五二糎</td><td>（二）圆径六九糎</td></tr>
<tr><td></td><td>厚二四糎</td></tr>
</table>

·第九版

泥塑马（残）

第一三图（一〇九六）

雅尔崖沟西唐茔第六冢与唐昙海墓表同出土
唐龙朔三年（西纪六六三）
通长五一六糎
腹围四一四糎

· 第一〇版

（一）

（二）

残泥俑

第一四图一至二（一二一五）

吐鲁番三堡古坟中出土
（一）身长七二粴
腰围一〇九粴
（二）身长七八粴
腰围一〇六粴

残泥马头

第一五图（一二一五）

吐鲁番三堡古坟中出土
长九三粴
宽四三粴

/ 三 /
雅尔崖古冢中陶器之研究

余在《遗物说明》内，曾分沟北与沟西两地叙述。今根据遗物之形式花纹，及同时出土器物，作时代之研究，亦拟分为沟北与沟西两期。虽沟南与沟西相距稍远，但其遗物之形式花纹，与沟西两无差异。其墓表所署之年代，亦先后相若。故合并为一期，统称为沟西期。今本余考查所得，及记载所述，表示个人意见于下，以俾研究者之参考焉。

甲　沟北期

沟北古坟中出土之器物，其墓室形式与陈列方法，类皆相同，皆可表现为一民族之风习。其详已见报告书。又其陶器共为两类。除第一图单耳彩色瓶，非由余亲手掘出，另有论述外，其余各陶器其彩色与制作方法，类各一致，亦可表现为一时代之遗物。虽有第一一图之俯口钵，与他器形制不同，余在《遗物说明》内，认为可疑。然不碍于全类主义之完成。但沟北陶器均无墓表，欲推论其绝对年代如沟西所出者为至不可能。故不能不求其次者，即在同时出土器物，及陶器本身之花纹彩色，而推论其相对年代。盖考古者除此外，亦无别法作研究之根据也。兹先述同时出土之铜骨器具以作比较。

一、铜兽环

余在沟北沙梁北第一冢，所发现之铜兽环（附录第五图），已在《遗物说明》内，详述其形象。今以中国铜器上之花纹比对，亦有可为余研究时代之证者。试以《博古图》所载其胫带间所具之兽头形作例。如彝类，商器具兽头形者九，周器具兽头形者十。其分别商周，虽未必完全可据，但据铭词如父丁彝（卷八，页十一），立戈父甲彝（卷八，页十二），确为商器。单彝（卷八，页十七），召父彝（卷八，页二十），确为周器，则可信也。又如卣类，商器，具兽头形者十六，周器具兽头形者六。例如祖乙卣（卷九，页五），祖辛卣（卷九，页十八），确为商器，周宝卣（卷十一，页三），孙卣（卷十一，页十六），确为周器。又尊类，如商龙凤方尊（卷六，页二十六），商三兽饕餮尊（卷七，页二十六）。又壶类，如周饕餮方壶（卷十二，页二十二），周觚棱壶（卷十二，页十六），以上诸器腹带间皆着兽头之形，惟均不衔环。其衔环之象，实起于晚周。仍以《博古图》所载衔环之器举例。如鍑洗盆类，有周兽耳鍑（卷十九，页二十六），汉双鱼洗（卷二十一，页二十五），汉兽耳盆（卷二十一，页二十六）。周只一器，余均为汉。而周鍑与汉鍑形制甚同。壶类有周百兽圆壶（卷十二，页十七），周鹦耳雷纹壶（卷十二，页二十九），汉细纹圆壶（卷十三，页十一），汉兽耳方壶，一、二、三、四（卷十三，页十六至十九），汉凤鱼壶（卷十三，页二十九），汉兽耳圆壶（卷十三，页三十），汉兽圆壶一（卷十三，页三十），共十器。而周只二器，余均为汉。而《博古图》所称之周，又无铭词为证，但据神色，实不能作判别时代之根据。今以壶中有铭词者如大官壶为建武时器。以此形类推百兽圆壶与鹦耳雷纹壶，形制大概相同。故此二器，即令为周代之物，当亦为晚周，与汉器为一系统也。周兽耳鍑亦同此例。故吾据上文所述，是商周间之器，仅有兽头，倘无兽头衔环之象。虽有作牺首形，为柄把之饰，但与此义意各别。因此故余断定，兽象衔环，起于晚周，至汉时最为普遍，是可确信者也。此见于铜器者。至于汉代石刻，雕此形象者亦甚多。例如汉射阳聚画像，嘉祥画像第六石，南武阳画像，皆有兽头衔环状。其兽头之形像，与汉兽耳方壶一、二、三、四器相同（卷二十三，页三十三）。但射阳聚环系巾带（插第二三图），程瑶田订为佩环。余皆饰于门扉，古谓之铺首。其制至今犹存也。又一九二八年，日人发掘乐浪故冢，发现漆器甚多。其漆盂之侧，亦绘兽头衔环（《乐浪》图版七六），可证汉时此形效用极为普遍，且施之绘画，非仅雕刻然也。又余在罗布淖尔北岸古烽燧亭遗址，发现铜兽头佩具一件（插第二四图），形同乐浪漆盂所绘，虽无环具，其鼻端有钩，所以结环，以同时发现之木简为证，亦为西汉时故物。是汉时又施之于器物矣。今此器出于沟北，两眼大口，类兽耳方壶，又额有两乳状，虽所衔之环，不如已上诸器之圆整，面呈椭圆形，且上连结一小圈。但其取义谅无差别。故余以铜石木诸器，来证明此器。其年代当亦为晚周或汉初之故物无可疑也。

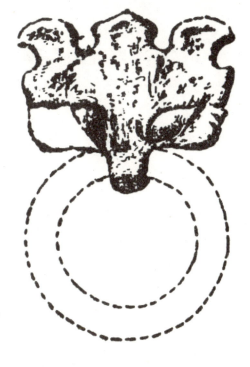

插第二三图　汉射阳聚画像　　　　　　　　插第二四图　汉兽头佩具

二、骨矢镞

沟北沙梁西第七冢出土，有一木矢干骨镞（附录四图）。余在《遗物说明》内，已引《尔雅·释器》，订骨镞为习射之用矣。但《尔雅》不著作者姓氏。相传为周公所作，孔子、子夏等所增益，皆不足信。《四库总目提要》已有详明之辨驳。但《尔雅》为解释群经之书，历来学者均极重视。盖《尔雅》作者时代虽不可考，要为二千年前后之古书，其称引必有所本。又《礼经·既夕》云："鍭矢一乘，骨镞短卫，志矢一乘，轩辀中亦短卫。"郑注云："志犹拟也，习射之矢。"《书》云："若射之有志辀垫轻也。无镞短卫，亦示不用，生时志矢骨镞。"按《既夕》为记士大夫丧葬之礼，死者既殡，陈列生时之器物弓矢于旁，以示不用，谓之明器。此骨矢镞，亦出于墓中，陈于死者身旁，其用义当与《既夕》所记相同。但《既夕》为《礼经》之一篇。《礼经》传为周公所作，以记周时之礼仪制度，而经孔子正订者。故所记当为周时之习俗。则周时尚有骨矢镞，已可证明矣。至汉代有无骨镞，余未能发现此类遗物，但余在罗布淖尔北岸烽火台遗址，拾铜矢镞数十枚。有三棱形者，有圆锥形者。其圆锥形状，酷似此骨镞，且镞内空以纳柲，尤与骨镞相似（插第二五图），今以其同时发现之汉简证明，为西汉时故物。故此器其质料虽与之不同，按其形式，则其时代未能相过。又按《尔雅》："骨镞不翦羽谓之志。"郭注云："今之骨骲是也。"《释文》引《埤苍》云："骨镞也。"按《埤苍》为张揖所著。张揖为魏时博士。郭璞为东晋武帝时人。皆以今释古。是骨镞自周迄于魏晋，犹习用未绝也。

1. 铜矢镞（罗布淖尔）　　　　2. 骨矢镞（雅尔崖沟北）

插第二五图

三、骨签

　　沟北沙梁西第八冢出土之骨签（附录二图），余在《遗物说明》内，由其缺口磨擦之角度，已证明其为编织之用。但在中土记载上为何物，现尚无充分之证明。故其时代若何，约当中国何时期，均不能有详审之指明也。但据墓室之形状，亦为复室，与第七冢之墓室相同，且与之邻比，则营葬必与第七冢为同一时期。故第八冢之骨签，亦必与第七冢之骨矢镞同时，可断言也。

四、陶器

　　以上专就铜器骨器作研究，则其时代之先后，已略可考见。次就陶器本身彩色纹理形式，分类研究，亦可收互证之效也。试分述于下。

1. 彩色及纹理

在沟北出土之陶器，除去彩绘陶瓶之外，余均有同一之彩色。即沟北之陶器均为红地，外表涂敷薄层、红泥。此类红色陶器，据余此次所采集之陶片观之，约有二种。一为唐代。一为远古。唐代红陶器，胎作浅红色，外面为粉红，磨制光平。余在库车古坟中所得唐代陶罂皆如此。又在库车、沙雅、焉耆一带之唐代遗址中，所得陶片甚多，上多刻水波纹，或里印蒲纹，同时有开元、建中诸唐代钱币，可作证明。至于远古之红色陶片，质较粗笨，内含石子，为特异之现象。间有薄敷红色彩衣，但多已脱落。余在吐鲁番南、艾丁湖畔及雅尔崖旧城中等地所拾红陶片皆如此。雅尔崖旧城中所拾，与彩画及刻纹陶片同地（插第二图），又往西焉耆道中之阿拉癸沟，及博斯腾淖尔旁之沙碛中，亦拾有同样红陶片，并同时有石刀片。而博斯腾旁沙碛中，并拾贝钱一枚。若据同地出土之石刀片及贝钱，可认为新石器时代之产物。但又在其东北五里许盐湖畔古坟中，掘出汉铜镜一，同时有红陶片及残器，又为纪元前后所遗留。今沟北红陶器质粗，且同时出土有铜骨等件，与盐湖畔之情形相同。故红陶片虽起于远古，但在西纪前后，尤为当时居民习用未绝也。又其中可予吾人以注意者，即在沟北古坟中，发现石斧一件（附录一图），磨制甚光，与红陶器同出土，陶器置之死者头部，石斧置之腰间（插第九图），与焉耆沙碛及阿拉癸沟中所发现之红陶片，同时有石刀片同一情形。据此似可推论沟北出土陶器为先史时期之遗物。但沟北墓中只此石斧一件，再无其他石器，不能即认为石器时代之产物。即令作较远之推论，亦为远古石器之抛弃于后者，观于石器上之水石冲刷痕迹可证。故不能据此一件，即作全部较远之推论也。又关于陶器之纹理，亦为研究时代之必要资料。沟北陶器皆为刮磨纹。余在新疆本部所拾者，除此外，又在吐鲁番南艾丁湖畔戈壁中，发现有刮磨纹之红色陶片（插第二六图）。虽无同时出土之器物，可以证明其时代，要皆为西纪前后之故物。又在和阗沙碛中，亦拾刮磨纹之红陶片，纹理作几何曲线形，意料时代较迟。其在中国北部者，则为民国十六年夏，余在内蒙古甲色庙发现一旧城，采拾绳纹刻纹陶片极多，同时亦有刮磨纹陶片。又黑柳图河古址，亦有少许。以绳纹陶器，及其他铜件之证明，皆属于汉初。故刮磨纹起源何时，虽不可知，要在汉代犹流传未绝也。不过在蒙古地所发现之刮磨纹陶片，均为青灰色，而此则为红色为独异耳。

插第二六图　磨纹红陶片（艾丁湖畔）

2. 形式

沟北陶器，除单耳瓶外，其形式约可分两类。一为圆底钵，一为桶状把杯。钵之中虽有若盘状，如第五、六、七各图。有若杯状，如第八、九两图。但皆圆底无足，且皆为宽口。虽第一一图俯口钵为薄口，但余在《遗物说明》中，已认为可疑。其余则大抵相同。但圆底陶器如陶钵之类，中国本部尚无甚多数之发现。但在波斯出土之陶器，则与沟北所出之相似者甚多。如 *Mémoires de la Délégation en Perse, de Morgan*（T. Ⅷ，P. 100）第一五四图之彩绘三角形花纹陶片，与余之单耳彩色瓶花纹相同。又原书 P. 323 列绘各样陶器。其与余沟北期之式样同者，有736、752、753、755、759，诸图。又 P. 272，三号墓穴中出土之陶器，亦多与沟北所出者近似，而同时尚有许多与中国古时相同之铜器如矛盾之类。若就文化一源立论，则中国古代文明，将被波斯夺去不少。而此次沟北出土之瓶钵，将为一有力之介绍物也。但吾人推论时代，不能只就一类器物作根据。必综合同时出土之各种器物及形色，研究所得之结果，方可为最后之断定。故与圆底陶钵同时出土之桶状把杯，亦为推论沟北器物年代之重要资料也。在沟北把杯类中有作桶状形者，如第一二图至一七图。有作圆底形者，如第一八图。兹先就余考查所获与此类形状相同者言之。余于十九年春在雅尔崖工作完毕后，即赴罗布淖尔北岸探查。曾发现一汉代烽火台遗址，获木简百余，有黄龙、元延诸年号，确为两千年故物。在烽火台西约五十里，有一干河，现已有水，在此河南北均有古坟，在河北岸古坟中发现桶状漆杯二，以木为质，质料细薄，外涂朱漆，施以彩绘，虽被剥蚀，然犹能见其美丽之色彩（插第二七图）。柄着器腰，适容一指，以此例沟北把杯，其形式正相同。同时尚发现有玻璃耳珰、木枏之类。在河南岸古坟中，亦掘有木形把碗两件，形式与沟北圆底把杯相同（插第二八图）。不过一为木质，一为陶质耳。罗布淖尔与吐鲁番壤地相接，其文化之分布与交通，当较密切。今以罗布淖尔出土之同形器物，例吐鲁番所出者，亦为甚合理之研究。如此，则沟北陶器，不能与罗布淖尔相差过远也。又日人于一九二九年，发掘乐浪古坟，发现汉代漆器甚多，其漆盘中一，有汉永平十二年年号（《乐浪》图版六〇），又有桶形漆器一（《乐浪》图版七九），其形式大小，与余在罗布淖尔发现者同，彼亦为木质，但较余为粗耳。在《乐浪报告书》中，又插一瓦质把杯（《乐浪》页四七），据云，此器现藏旅顺关东厅博物馆，又云，此种形式瓦器，在中国内地发现甚多云云。据此，是桶状把杯，在中国本部亦甚流行，且传播至极东地也。今再就墓里遗物存置之状况言之，在沟北沙梁西第五冢，其墓里遗物存置之状况，有桶状把杯一，置之死者头部。旁复有一圆底钵，内陈圆底把杯二，置于足旁（插第一一图）既把杯与圆底钵同存一墓中，则必为同一时代之流行品，又把杯置于钵中，疑为当时日用之习俗。若然，则圆底钵与把杯不可分离。按上文桶状把杯为纪元前后之遗物，则圆底钵之时代，谅亦同此。就令圆底陶器在波斯年代较远，但起源与流迁为两事。故何时流入新疆，或为本地之仿作，及绵延至何时，均为可注意之问题。故不能以波斯式出土之年代以论西域也。

插第二七图　桶状漆杯（罗布淖尔）

插第二八图　圆底木把杯（罗布淖尔）

综上所述，关于沟北陶器之彩色纹理形式，及同时出土之兽头环，与骨矢镞，由其各类研究之结果，而作综合时代之考订。则沟北出土之器物如上所述者，皆不出纪元前一世纪至三世纪所遗留。是可确信也。

其次，沟北陶器，有为吾人所最宜注意，而增加研究之兴趣者，为彩色单耳瓶（第一版，第一图）。兹附论及之。

瓶之彩色花纹，均详《遗物说明》内，此不具述，惟以此类陶器，余只在沟北得此一件，其花纹有类于波斯出土之陶器花纹如 *Mémoires de la Délégation en Perse, de Morgan*（T. VIII, P.100）第一五四图之彩绘三角花纹陶片，与此器之花纹极同。又与中国本部河南秦王寨出土之陶片亦相似（阿恩《着色陶器》第五版，第十四图），虽其彩色微异，但其画线之法则大抵相同。又甘肃出土之陶器，如安特生《甘肃考古记》所述，第二版插图所示口缘部之水波纹，与此器口缘部所绘，同一形式。又第九版之第一、第二两图，其柄宽平，上端紧接口缘，与此器亦合。但在此东西不同区域之地，而有同一式样及花纹之器物，固为研究东西文化开展之良好材料。若进而研究其时代，殊感困难。据安特生、阿恩两博士研究河南、甘肃出土陶器之时代，根据苏萨亚诺之第一、二纪为断，计时为纪元前二千五百年，殆近三千年之谱（《着色陶器》页二五，《考古记》页二二）。但吾人推论此器年代，不能完全根据安特生所拟[1]。盖推论年代，最上者为本身文字之证明。其次则借助于地层学及同时发现之器物，比较研究，亦可得相当之验征。再次则征之附近出土器物，及历史之记载。此虽较上二法为逊，然犹较取东西悬远之物，论其花纹之同异为胜也。余此器虽系假手于本地人之手。在此穴内只此一器，又无其他之证物，及地层，可供吾人以研究时代之资料。故研究时代之最上二法，已不适用。但求其次法，即征求附近出土同似之器物作旁证，亦可得相对之年代也。

余在《报告书》内，曾说明在雅尔崖旧城中，掘拾彩色陶片若干（插第二图）。其花纹着色，与此器相同。为吾人研究此器有力之根据。又轮台故城出土之红底黑花陶片，亦当提及。按雅尔崖旧城为二千年前之车师前王庭旧址。《汉书·西域传》云："宣帝时遣卫司马破姑师未尽殄，今以为车师前后王及山北六国。"又云："车师前王治交河城。"按以出土之墓表作证，此城确为古之交河城，为车师前王所居之地无疑。但《史记·大宛传》称述张骞之语云："楼兰、姑师，邑有城郭。"姑

---

[1] 李济教授在《小屯与仰韶》文中已发生怀疑。见《安阳报告》第二期。

师即车师。是张骞使西域时，当西纪前一二六年，车师已有城郭之居。则此城或更远于张骞时所筑也。此彩色陶片，既在此城所拾，必为寄居此城中人所遗留。此器又在此城北二里许之古墓中出土。则此城人生时所习用者，必与死后之殉葬者，为一同样器物，且可断定为同一时代也。又同时在土台上拾有压波纹、蒲纹、雷纹（俗称回纹）、黍状纹（獾子窝定为矢状纹），及印花纹陶片，与獾子窝高丽寨之陶片相同。彼以此属于汉式系统。此处所发现之压纹印纹陶片，与彩色陶片同一地点。其地层虽已被本地人掘土所紊乱，但最低限度，亦可说为先后相承时期，又余在轮台南一故城中，亦拾有红底黑花陶片，与雅尔崖故城所拾者相同。余按此城与龟兹故城之距离方位推计，确为古轮台城遗址。又按中国历史，轮台故城在西纪前一〇二年为李广利伐大宛时所屠。则此城之有居民，当在一〇二年以前。则此城人所遗留之彩色陶片，亦当为西纪前二世纪或三世纪之故物也。根据以上所述之彩色陶片，以评断沟北出土之彩色陶器，其时代当然不能有所别异。因雅尔崖古城，与此器出土地为同一区域，而轮台与雅尔崖又为东西一线相承，在文化推进之路线上，亦有重要之关系。既车师与轮台之同样遗物，皆为西纪前二世纪或三世纪所遗留，则此器亦当先后同时，最远亦不出纪元前五世纪，再不能推远，故安特生三千年之说，吾人不能援用。但近据瑞典《远东古物馆》杂志第一期中载安特生一文，题名为 *Per Weguber die Steppen*，文中认内蒙一带，西至甘、新之铜器遗物，颇有特别之处，可以自成一区，与西比利亚出现之斯西安（Scythian）遗物相像处甚多。又因沙井期之带彩陶器，曾与此类铜器同时出现。照此类铜器在斯西安出现，以年代计算，安氏将甘肃沙井期推晚一千余年。重订为西纪前一百年至六百年（P.153）[1]。据此，是安特生氏最后之改订，颇与余说相近，而为吾人之所赞同者也。

又余在此处关于东西文化之推进，附带叙述，以作余上文之结论。盖新疆居于东西交通之邮，在海道未通以前，东方民族之至西方，与西方民族之东来必经过新疆。新疆如一水管，一方是水塔，一方是龙头。而新疆本身，原无所谓文化。故所有文化皆自外来。然因何而来，则其推动之原因，不能不有所论述。

据一般学者所云，东西文化有二大策源地，一为伊兰高原，一为中国本部。世界文化皆此二大文化区之活动。但此两大文化区，均位于新疆之两端，如何能沟通使彼此交流为一问题。盖西域地形，沙碛大半，水草缺乏，暨西荒岭旷漠，时虞盗贼。

---

[1]　亦见《安阳报告》第二期《小屯与仰韶》所引。

非有伟大之兵力与财力，平夷道途，警卫行旅，不能有多数运输之通过。此在稍明西域地形者所公认。因此东西文化之活动，非借外缘之驱使，不能显其机能。故余以为军事之拓展，与种族之移徙，皆为推进文化之重要原因也。在有史以前，西域之情形如何，吾人不得而知。近今学者，关于人种之来源，与文化之发生，皆有不少拟议。但均无确切之证明，不可信为必然。故东西人文之活动，溯其最先而略有依据者，略可分为二期。一为大流士远征，与塞种人之移徙。一为亚历山大东征，与张骞之通使西域。请先言其前者。

当西历纪元前五二一年时，波斯王大流士第一继立。袭居鲁氏之遗业，统有小亚细亚，叙利亚全部，如文化发生最早之埃及，巴比伦，亚述及赫族，均为波斯领土之一部。其疆域西极多脑河，北与塞种为邻，东与印度相接。而雄才大略之大流士，复转兵北征，与塞种人战于多脑河岸。战虽不胜，而东西民族因此而受一极大之冲动，此在世界史上可注意之事也。盖塞种原为黑海沿岸之游牧民族，后渐次东展，向里海、阿拉海之北岸漫延。自经此次战争之后，又分为两支移徙：一支向东徙，沿伊犁河山谷，以入新疆；一支向南徙，沿阿母河以至大夏[1]。除南徙之一支，俟另文论述外，其东徙之一支，究在何时入新为一问题，但按中国传记所述，亦有可资参考者。《汉书·西域传》云："乌孙本塞地，大月氏西破走塞王，塞王南越悬度，大月氏居其地。"又称乌孙东与匈奴，西北与康居，西与大宛，南与城郭诸国相接。是时匈奴约在今之新疆东部、奇台、阿尔泰一带。大宛即今浩罕一带。康居在北，约在今巴尔喀什湖西北之荒原，锡尔河沿岸，今为可萨克地。所谓城郭诸国，即今天山南路诸地也。《汉书》既云"乌孙本塞地"，则塞种人是时占有巴尔喀什湖以东，沿伊犁河，及特克斯河诸山谷，东展至新疆中部，如绥来以西，焉耆以北，皆为其领域。及大月氏受匈奴威逼西奔，塞种人遂南徙[2]。大月氏复追踵而南，乌孙遂居其故地。乌孙迁徙之年代，虽史无明文。但大月氏西奔，为汉文帝四年，即西纪前一七六年。则乌孙之据其故地，必在是时。据上所述，是塞种人之东移，必在西纪前五二一年以后，一七六年以前，考之史传，可以信其然也。至于因塞种人之移徙，其所附带之文化若何，余虽未发现指明何者为塞种人所遗留之故物，但塞种与亚述、米太、波斯血统相属。经此一度之开通，其文化或直接，或间接，均有侵入新疆之可能。故在西纪前二世

---

[1]　此据法国伯希和（P.Pelliot）教授对余所云。

[2]　此支系由天山向西南徙，疑与由沿阿母河南徙之一支不同。

纪至五世纪之间，为东西文化推进之第一期。且此期文化，乃由西北荒漠以入新疆之北部也。

其次，即述亚历山大东征与张骞之通使西域。在西纪年前三三〇年马其顿王东征波斯，占据其都城苏萨。又进兵至印度西北部之干达拉，同时，即将希腊文化，充分带至此两地。并遗留士兵与波斯人婚媾，而成希波之混合民族。虽马其顿王死后，国土分裂，而希腊之文化，仍在此处葆荏滋长。虽在西纪前一七六年以后，被东方游牧民族塞种人，与大月氏人，相继侵入，然终被本地优秀之文明所同化,改其故习。[1]及西纪前一二六年张骞使月氏，一〇二年李广利伐大宛，而东西之文化，如两地水池之被沟通，彼此交流。故一般学者均认此时为东西文化最活动时期。在西纪前一世纪至三世纪之间，为东西文化第二期之推进。且此期文化乃由波斯越帕米尔高原以入新疆南部者也。新疆之承受东西文化亦以此期为最巨。又以后之佛教文明，传至印度之西北部，与希腊文化混合，而成立之犍陀罗佛教。渐次传入新疆及中国本部。虽张骞使月氏还未有提及佛教之事，但佛教之传播，亦系受此期之影响，跟随而入，无可疑也。

综上所述军事之拓展，与人种之移徙，而东西文化早期推进之原因，由此可见。但余在沟北所掘拾之古物，为受何期推动之影响，为何种民族所遗留，在未得充分证明以前，暂不能有确切之推断。但于各种民族移徙之路线，考究古物之分布，比较同异，亦可使吾人发进一步之深省。则余之建立两期推进说，亦为研究东西文化交通之一重要提示也。

自此以后，东西交通频繁，文化之推动亦极活跃。如匈奴人、突厥人、蒙古人之西移，景教、摩尼教、回教之东来。于文化之校通上，莫不有相当之关系。因与本篇无关，故不论及。

乙 沟西期

余对于沟北出土之陶器，及铜骨诸器，关于时代之研究，已如上文所述，其次当述及沟西与沟南之遗物。按沟北之遗物，无文字作证明，故研究时代必根据陶器之花纹形式，及同时出土遗物，作相对之推论。而沟西及沟南之陶器，皆附带墓表，

---

[1]　参考德国奈柯克氏（V. L. Coq）《新疆之希腊遗痕》。

以墓表所署之年代，判断墓里陶器之年代，故年代极为可信。盖吾人研究古器物，其最要之工作，即推论其时代。盖陶器有自署年代者，其真确固无论矣。其次则同时出土之遗物，标明有确实之年代者，亦可以彼例此作同等之推论，在考古学上亦认为极真确之方法也。

盖沟西及沟南墓室前均有墓道以为通往，死者及陶器均在墓室中，而墓道两壁则砌有墓表（其详已见《报告书》中，及各墓室图）。故墓表上所署之人名，当然即墓中之死者，而墓表上之年龄籍贯及埋葬年月，当然亦为叙述死者之事。今此陶器均陈列于死者两旁，故必系与死者同时入土，则墓表上所署之埋葬年代，亦及陶器入土之年代，毫无可疑也。虽陶器之制作或许较早，其形制或由早先遗传下来，但时人既以之殉葬，则陶器在当时固甚流行也。然沟西陶器有墓表同时出土者，当然以墓表所署之年代为断，但其中亦有许多无墓表，而只有陶器，其陶器之时代若何，固为一问题。但沟西坟茔有一特殊现象，为吾人所不可不注意者。即沟西每合若干冢为一茔，其一茔中之冢墓，类皆为一姓，外有一石线作栏（其详已见《报告书》中），各冢在一茔之中，依次鳞比，有时尚能推出其先后埋葬之次序，则无墓表之墓室，距有墓表之墓室，其时代相差，当不甚远。故以有墓表之陶器，例无墓表之陶器，其时代当亦真确可据也。例如沟南索茔第一冢，墓表署明为延昌十三年至四十一年，其陶器之时代固无问题。而第三冢则无墓表，今以第三冢之陶器，比较其形式花纹，竟无区别，则第三冢陶器之时代，与第一冢陶器之时代，当亦无甚剧之差别。本篇图版取材索茔陶器颇多，可覆按也。因此吾人研究沟西及沟南陶器之时代，即根据墓表之题示，皆以为自北魏之末，以迄初唐，即自西纪第六世纪至第七世纪之遗物。其有无表墓者，亦此为例也。在此期间，虽经一度之国变，即唐贞观十四年（西纪六四〇），唐太宗命侯君集平高昌，改隶中国版图。然其墓室中之遗物，据余发掘之经过，除墓志款式转遵中土，及以泥塑偶像器具殉葬二者，为高昌有国时所无外，至若陶器之形式花纹，则毫无所变也。故吾人关于沟西及沟南之陶器，皆认为一时代之产物，与沟北不同一时期也。

在此期中，进而研究其形式花纹，作有系统之叙述，为此时期之代表，亦考古者所乐闻之事也。试述于下。

一、形式

余在沟西及沟南所采之陶器，共为八百余件。约其类别，共有十四。虽各类之形式与效用不同。但其制作之方式，如口部与底部，各有其相类之系统。今先述口部式如下。

1. 卷口式

余在沟北所采之陶器，如钵类口皆宽平，唇微出。把杯类则为薄口，与身等齐。而沟西及沟南之陶器则以卷口式为最多。如瓮类、壶类、瓿类，几全部皆然。虽如瓶类其口微侈，作流灌之用。然其唇亦微曲，亦不如沟北陶钵口部之平整也。罂类口稍薄，然亦微卷。如五〇、五一两图之汤罂是也。若瓿类，其卷口式多类瓮，惟第五四图之蒲纹瓿，其口微侈，为瓿状之特异者。又在余之陶器中有一特征。即凡卷口式者颈项皆短，肩腹隆起。其中虽有二辘纹瓿，肩腹微隆近于桶状，但其项颈亦短，其形式与他器不类。余以为模仿中土古制而作，其卷口亦不如他器之显著也。瓶类之颈稍长，则尤为例外矣。盖卷口式，完全使用钩运法旋转而成。如四一、四六两图，其口部之细擦纹犹显然可见也。又卷口式在汉代陶器中有作双卷者，即在口外缘作凹凸纹式，并有镂刻矢状花纹者，疑为时代较早之制作。隋唐以后则以单纯之卷口式为最普遍矣。

2. 俯口式

此式以盂类为最多。口与身成曲线形，故肩腹均隆出，而里底深锐。虽有盂之口部不如上述之俯，而腹亦微曲，作隆起状，如八六至八九图是也。凡俯口式盂，其口部均薄，惟八六至八九图，口唇则稍厚。若六九图纯素盂，口唇微伸出，反有类于三一、三二两图之漏底甑。但肩部隆起，亦为盂状。沟北出土之俯口莲纹钵，亦口薄而俯，与俯口盂同。但沟北之俯口钵为圆底，此为平底，仍非一时代之产物也。且沟北山土之俯口钵，疑非中国本土所出。故余在《遗物说明》内，已认为可疑也。至俯口式在河南出土陶器中，亦偶见之。如阿恩《着色陶器》第八版第二九图，仰韶出土之陶钵，其形式正与沟西所出，大致相同。又第二版第二图秦王寨出土者，形式亦近似。惟沟西俯口钵，口缘至肩部作曲线，而河南之俯口钵，腹与口缘及底成钝角也。

3. 平口及削口式

　　沟西陶器，除上述之卷口俯口之外，尚有平口式。即口部平整，其肉厚与四围相等也。如三足盆，除第二二、三〇两图，略带唇外，余均为平口。若碗、杯、碟等类，口虽与围同厚，但口端微削。自制作上言，平口必用刀旋削而成。《天工开物·陶埏》云："凡手指旋成坯后，晒极干，入水一汶，漉上盔冒，过利刀二次。"小注云："过刀时手脉微振，烧出即成雀口。"由此所述，反证余之第二二图，其缺口处，显为过刀时不慎所致。至于削口，则为用手抟扠而成，故不平整。再自其用法言之。盆类用以烹饪。瓮瓶用盛食物。碗、杯用为饮食之具。凡烹饪必用盖，余虽未发现器盖，但拟料当时必有。或为木制，或为草制，覆蔽其上，以保温暖。故口端必平整，可以受盖也。至瓮瓶所以为卷口者，盖盛食物后其口或以布幂之，系之以绳。余在柴俄堡掘出之陶瓮，其颈项上之绳犹存，可证也。至于杯碗则为饮食之具，接近人口，用平口卷口皆不适宜，故用削口，取其便于饮啜也。兹将口部式样列下：

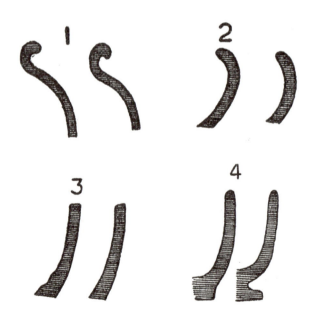

口部式
1. 卷口式　2. 俯口式　3. 平口式　4. 削口式

口部形式大致不出以上四者，至于底部，可分为二式。

1. 三足式

在余陶器中，惟盆类其底部均具三足，鼎峙而立，有作兽形者，如第二一、二二两图是。余皆作牛蹄，或羊蹄形。其他陶器，皆不具足。具三足器物，在中国铜器中，惟鼎惟然。如《博古图》所载之铜鼎，均有三足，其形状亦与此相类。盖鼎所以为烹饪之具，有三足所以受火，此盆谅亦同此。但鼎腹为圆形，有两耳，此为平底无耳，拟为制作时简复之分别，阿恩博士称三足陶器，初发现于突罗邑第一市。相传其形如釜，有高足三，宽大之直耳一。因此中国之鼎，或即脱胎于西方流入之三足器，亦未可知。安特生博士云：鼎器之原始形状，似为一黏土之碗，下附极短之足三。初本以三石平支其下，而为烹饪之用，其后以泥易石，转成今形。（《甘肃考古记》译文页三九、四〇）此两位博士关于三足器原始之推论，余不能有所评论。因如阿恩博士之说，在吾人尚未发现东西文化推移之确实路线，与同样古物以前，不能认为可信。如安特生博士之说，其假想推定，吾人无法代为证明其然否，且均不能据以推论余之三足器也。盖余器时代甚后，在此器千年前中国早有三足铜器，如商周之铜鼎是也。五百年前，中国汉代之三足陶鼎，亦甚流行。汉与高昌时代相差不甚远，且高昌最邻近中国，交通亦便，所习用此器者，又为汉人。如认为此器系受东西文化之影响者，亦系受中国三足器之影响，而非受西方之影响也。

2. 平底式

沟西陶器，以平底式为最多。其平底有二。一有足。一无足。如瓮、瓶、壶、瓿之类，皆无足，底与四围边缘等齐。盂、碗、杯类皆有足，即底与围边接合处略伸出，或成锐角，或成钝角。然皆平底，不同于后世之圈足。惟豆类一一七、一一九两图，底下削空作圈足形。镫类一二七图，底亦注入，此为例外也。但在中国铜器中如尊彝之类，皆有足。惟亦有无足者。例如《博古图》所载周著尊二，其图说云：《明堂位》"商尊曰著"。释者以为着地而无足。周人于朝献，亦尝用两著尊。（卷七，页十九）故余意当时器物，有足与无足并用，着于地者则无足，陈设几案者则有足。又如瓿所以盛醯醢之物，而周蟠虬瓿，一、二则无足，饕餮瓿，一、二、三、四则有足。意以为无足者，备盛储之用，有足者为朝献之器。设此推理而不误，则余器之无足者，如瓮、壶、瓿皆为陈储之具。有足者如盂、碗、杯、碟皆为饮食之器。又如河南甘肃出土之陶器，如《甘肃考古记》，阿恩《着色陶器》所载，其大罂、瓿之类皆无足。

下腹渐次削小，底与边等齐，与余之陶瓮近似。但如貔子窝所载，单砣子之彩色土器，一为圈足，一为高底足，均与四围成钝角。其高丽寨出土之碗、盂残底，虽有短足，然底皆洼入。因此，吾人又不能不疑中国文化之发展，或有地域上之区别也。

二、彩色与花纹

沟北陶器，皆为红色，已如上文所述。而沟西陶器，则均为青灰色。在此显然不同之彩色中，关于泥质及烘烧之法，有无关系，姑且不论。但在沟西及沟南陶器，有一普遍之现象，即所有陶器，均为青灰色，外表涂抹一层黝黑色作衣，再绘红色花纹，惟第二六图、三五图，外似涂墨色液体物，或即为墨漆，然外表均绘红色花纹。此种黑底红花，余虽不能推论其来源，及其取义为何，但观其外表，觉表现一种幽暗

插第二九图　墨漆瓶（柴俄堡）

冷酷之情状，说者谓此为某种宗教之象征。但余意此时佛教已通行西域，希腊化之美术，在壁画上所见，已极灿烂之形势，不能兼容其他宗教艺术。且如陶器上之花纹，如莲瓣、如璎珞，显然受佛教美术之影响。而惟此类陶器，均以黑色作地，再绘红花，佛教美术似此者稀。是否受其他宗教之影响迄未可知。至于陶器上之刷墨地，余疑系受中国刷漆之影响。盖压纹式陶器，及刷漆陶器，本为内地产物。高昌与中土最为接近，其受中土之影响最为可能也。例如余在柴俄堡所发现之墨漆瓶（插第二九图），其形式与内地古铜瓶近似，决为内地所传入。又如上举之二六、三五两陶器，其外表均为涂漆，且与涂黑色之陶器同地出土，其外表之彩绘亦同。据此则沟西之黑地陶器为受中土刷漆器之影响，极有可能也。虽黑色有浅深之差，其极浅者近褐，但其意亦当为涂黑色之表现也。

至于花纹，则有两种，一为剔花，或压纹。一为彩绘。关于剔花或压花花纹，其器地必光平纯素，不涂抹任何彩衣。与他器之先涂黑衣，再加彩绘者不同。且其花纹与其他花纹不同，而反类于中国北部及东北出土之陶器花纹。故余疑此类花纹陶器，为自东方传入，已在《遗物说明》内略提及。又二一、二二两图之浮砌兽像花纹，亦详于《遗物说明》内，均不赘及。次论述彩绘之花纹。

关于彩绘花纹，余在《遗物说明》内，每器均说明其大略，兹为研究方便计，再综述如下。

1. 环圈纹

在沟西之彩绘花纹中，有一共相。即每器在颈边及底边，涂绘一红色弦纹，或在腹部中间，涂弦纹一道，或两道，或中含粉圆点，或作方格形。在此弦纹上下，涂绘各样花纹，或上下相切，或彼此连续如几何图案。在各种切线中，得不同式样，为四种。一为环圈纹。如三三、八六、八七各图，均在口与底两弦纹中间，涂绘内外双圈纹。又三八、三九、四○、四一各图，均在腹部弦纹上涂绘一环圈，中含圆点。其圆点疑与三三图之同心圆圈，同一意义。盖圈圈乃脱胎于圆点而来也。至二四、七六两图，其圆圈亦居两弦纹中间，但外圈中含半圆圈向下。二九图在腹弦纹上，圆圈中含之半圆圈向上。三四图腹弦纹上下皆含有向下之半圆圈。无论向上向下，皆表现为半圆圈。故余综合各种环圈式花纹，得四式如下：

（1）

二七、三三、八六、八七

（2）

三八上、三九上、四〇、四一

（3）

二四三四上下、七六

（4）

二九上

以上所举虽为四种，实即两种。即一中含圆圈，一中含半圆圈。一友人告余云：此或即取象于自然界现象。中含圆圈或点者，乃取象于日。中含半圆圈者，乃取于月。余按中国金文中日字作☉、月字作𝼆。《说文解字》卷七，载古文明字亦作☉〗。盖取象日月之形也。故以圆圈状，为表示日月之形，亦殊可能。余在《遗物说明》内，即举日月之状以言其形也。但余又按中国古铜器中雷纹，亦有以圆圈纹为代表者。如周雷带鼎（《博古图》卷五），脰腹间所著之同心圆圈◎，以示雷象，与回旋纹之回状者，取义相同。故《博古图》旋纹鼎说云，雷或有以〇为象者。故古文益之为囘。或有以回为象者，故籀纹益之为（卷五，页九），据此，是圆圈亦可定为雷纹。又如二九、四〇、四一各图，其弦纹下均绘卷云状，与弦纹上之圆圈雷纹配比成彩。与中国古铜器上，以云雷纹并刻之普遍习惯，其设想正同也。

2.椭圆纹

在沟西出土陶器中，以椭圆纹为最普遍，约其式样，计有九种。列式如下：

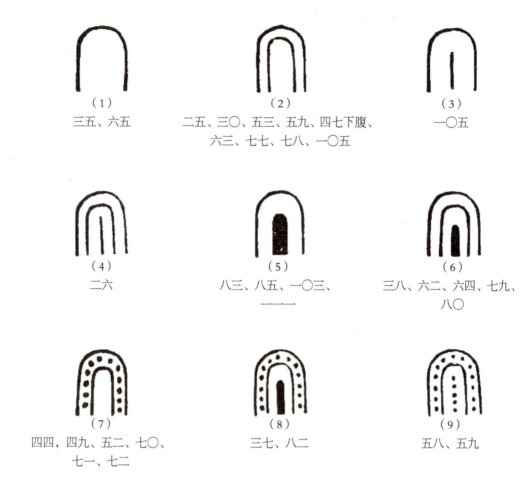

（1）
三五、六五

（2）
二五、三〇、五三、五九、四七下腹、
六三、七七、七八、一〇五

（3）
一〇五

（4）
二六

（5）
八三、八五、一〇三、
一一一

（6）
三八、六二、六四、七九、
八〇

（7）
四四，四九、五二、七〇、
七一、七二

（8）
三七、八二

（9）
五八、五九

　　以上诸图式，可分为两组。即第四式，为一、二、三式之合。第八式，为五、
六、七式之合，第九式，虽中含串珠式之圆圈点，然与第八式大致相同。又按双线
纹中含圆点，在中国古铜器中之腔腹或项部，虽有此种装饰，但在北魏至隋唐应用
极为普遍，常用于墓志边缘，或墓盖上。又新疆佛寺之壁画，亦常以连续之粉圆点
作图案。此器亦在隋唐之际，当然受其影响，故亦援用于器物上。三七图腹部弦纹，
亦中含圆粉点，与椭圆纹中所含圆粉点，其状相同。盖旋转于腹部，则为弦纹。曲
旋于腹上下，则为椭圆纹，相间以成彩也。故吾人可知当时彩绘之术，乃由单纯之
几何线展转配合而成。有加彩者，如同心椭圆为红色，而内含之圆点，则为粉白色，
如四四图。又同心椭圆及圆点均为粉白色，则中心填朱色，错杂以成彩，如三七图
是也。然皆以椭圆曲线，与圆点相配合耳。

　　在此类椭圆形花纹，欲订为何种花纹，取象为何，欲得一真确见解，颇感困难。
余初据《博古图》所载古铜器，如周奭父鼎、周鳞纹鼎（《博古图》卷三）腹部所刻之鳞纹，及周仲称父鼎、周妘氏鼎（同上卷三）口缘横带之花纹，两相比较，颇为近似。以为当时人仿中国铜器之花纹，颠倒增损以成彩。今复加研究，原意遂移。因铜鼎所刻，《博古图》称为鳞纹，以其重叠鳞比如鳞甲也，倘尽如二五、二六、三六诸图所绘，或犹可说。但如五二、五六、五八、五九等图，同心椭圆纹中，尚含圆点，其圆点且散布花纹内外，鳞形决不如此。故余顿弃前说，以为此类椭圆形之花纹，仍取象于植物花朵，排比成图案，如二三图然也。《西清古鉴》卷四十所载之唐宝相花铜鉴一、二，其背面均有花朵六，每朵六瓣。其每椭圆互切之形势，与此正同。又鉴一花朵之中心，有连珠一圈。鉴二花朵与花朵中间，有若干小圈若珠粒。取以与此五六、五八、八二等图相比。虽一表现花朵之形，一为图案，然其取象则一也。至其花朵为何，《西清古鉴》称为宝相花。但余案六二、七九等图，椭圆形中所含舌状红点，疑为莲华，盖莲瓣之中心为红色也。此时佛教已遍传西域，莲花为佛教美术中所习用。其雕刻绘画，常取莲瓣为饰。试检查新疆佛教遗迹，可证明其不误。则当时人在其日用之器物上，仿绘其式样以为美观甚可能也。且宝相花式，据余二三图，以与《西清古鉴》所载之唐宝相花镜比，其瓣与瓣均作弧线之连续相。又同时高昌出土陶砖，当时以铺陈于庙宇地面上者，其宝相花瓣连续相亦同。与此器花瓣作椭圆形，彼此交切者不同，故当为之辨别也。

3. 曲旋纹

在沟西陶器中花纹，其圆圈式者如上所述，其次为曲旋纹。绘此花纹者，计有四器，或曲盘于腹部，如三一、一〇一两图，或曲盘腹弦纹下，与腹弦纹上之花纹对比。如二九、四〇、四一各图是也。在上文已说明其义意。即此配合之状，亦饶美术上之风致也。其式如下：

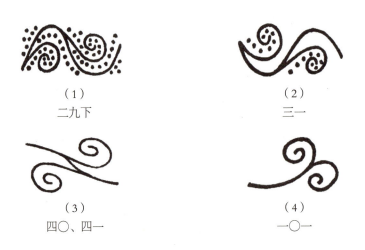

（1）
二九下

（2）
三一

（3）
四〇、四一

（4）
一〇一

按以上四式，一、二两式，花纹中均含粉圆点。三、四两式，只有回旋纹。又自其所画之式样观之，余在上文及《遗物说明》中，曾提及为旋云纹，盖举中国铜器上之旋云纹为比证，而有以知其然。但铜器中所绘之云式，其形不一。据《博古图》所云，其式有二。一为旋云，象触石而出也。故古文云为，以见其回转之形。一为垂云，作将雨之势，故小篆云为，以显雨施之意。（《博古图》卷五）但又有所谓浮云者，如汉浮云鼎（《博古图》卷五），所绘是也。按据《博古图》中所图之云式，亦分举如下，以备参考。

（1）

（2）

《博古》五，旋云鼎

（3）

《博古》七，瓠尊

一、旋云式

（4）

《博古》五，旋云鼎

二、垂云式

《博古》三十，唐铁镜

三、浮云式

按如上所图，则古文云为，乃浮云式，而非旋云。小篆之云乃之省，且倒置也。今取以与余器所绘相比，则余器中之（1）（2）（3）三式均为旋云式，不过有繁简之别。（4）式则为垂云式也。其右图式中之曲断纹，疑亦为浮云，惜漫灭不全，无由推断其确实耳。又按云雷纹在中国应用极广，且时代亦长。在殷周铜器上每云雷纹相间为饰。其云纹间作长方式，如，与雷纹之，其式几不可辨。及至秦汉以后，雷纹多用于器物或石刻之边缘作图案。其曲转式，亦变为长方形之连续相。而云纹，则应用极为宽广，如石刻中所绘之神仙像，及人鸟像，如孝堂山、武梁祠石刻，下绘云纹，上乘一人或鸟，以明人鸟乘云气飞行之意。此形式或起于晚周。自秦汉至唐亦甚流行。在新疆佛洞中壁画绘天人供养像，下亦尝附以云彩，虽时代较晚，然或与中土所绘同出于一源也，然此皆限于浮云式或垂云式也。若旋云纹，则多绘于器物上作几何图案，如此处陶器上所绘是也。

4. 叶纹与点纹

按叶状红纹如四二、四三两图，及四六之波纹上下，八一、九四等图，皆状如柳叶。一为斑点，如五七、九二、九三、九五各图皆以红黑色错杂点缀成彩。一为串珠式之粉圆点，如五七图，其式如下：

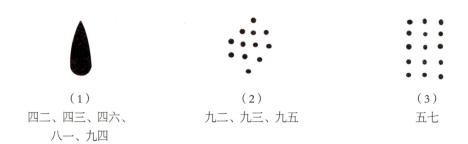

（1）
四二、四三、四六、
八一、九四

（2）
九二、九三、九五

（3）
五七

按此点状花纹，余器中有含于椭圆纹中，与外廓成花朵之形，而此则单纯为点状。或在一器中对比成彩，如第（1）式，或为红黑点错杂点缀，如第（2）式是也。第（3）式则为串珠式之圆粉点也。

以上诸式，皆在沟西及沟南陶器中表现。反之在沟北陶器中，绝无一见。且其绘画之法，皆用红色或粉白色，且皆为黑地，其花纹之组成彼此分合错杂成彩，如上腹为太阳状圆圈，则下腹为同心椭圆纹，如三八、三九两图。又上腹为圆圈，而下腹则为曲旋纹如四〇、四一两图。又有单独成彩之花纹如三一图之旋云纹，同时又与太阳状花纹上下配比成彩。故沟西及沟南花纹，实可表现一整个之系统，及一时代之产物也。虽沟北亦有莲状花纹，如第八图与沟西之六二图莲纹瓿相同，然余在《遗物说明》内已认第八图为可疑，且一为浮雕，一为绘画，仍非一例也。虽沟西亦有刮磨纹陶器，如五五图之瓿，一一二图之盘，其纹样与沟北之纹样相似。但此可认为沟北刮纹式之延长，且一为红底，一为青底，亦可为时代差别之证也。

附：陶器制作法

沟西陶器之花纹形式即如上述。其制作方法如何，今据各陶器上之遗痕，参稽记载，分述如下。

一、转钧法

在沟北诸陶器一为圆底如浅钵类。一为桶状，如把杯类。疑皆非钧车法所制，因圆底器物，内外光平，且具刮磨纹，若第一图之彩色瓶，里底尚有草型遗痕，皆决非旋转法所能致。且亦无车旋遗纹。其次如桶状把杯，桶状本可用钧车法，但此器内部极不平匀，疑为手抟法所致。其外部亦有刮磨纹且上下行，因此余相信沟北陶器，皆非用钧车法也。至于沟西则不然，其四围甚平，内外均有极细之擦纹，盖用木具，或毛具，旋转刮刷而成，故均有周转之弦纹。又如瓮类其腹之下半，间有刀削痕，例如三三、三四两图皆用钧车转成器后，以刀削去余泥，故下腹略小者因此，又如汤罂五〇、五一两图其底亦用刀削成，其义同前。又如盂、碗类，底外有刀削旋纹，底里有螺旋纹。其刀削旋纹，显因器成后，用刀旋削而成，故均成弧线，且极平整，与上述汤罂之以刀削成，其底不平匀者，微异也。至里底之螺纹，或即为覆旋而成，故沟西及沟南，除窝状镫，及泥杯，因内外之不平匀，疑为手抟法所成外，余皆用钧车法所制也。至于钧车之起源，其方法若何，次当论及。

中国古书关于制陶器之法，其记载较实者，首推《周礼·考工记》。其述旊人为簋云：“器中膊，豆中县。”郑注云：“膊读如车轮之䡎，即拊泥而转其均，树膊其侧，以拟度，端其器也。县，县绳正豆之柄。”孙诒让《正义》云：“此记陶旊范器之法也。”拊泥，谓拘泥为瓦器之坯也。膊为长方之式以度器，使无斜曲者。郑注所谓均，即器范下圆物，以便旋转者。《管子·七政篇》云：“立朝夕于运钧之上。”尹注云：“均，陶者之轮也。”《淮南子·原道训》云：“钧旋毂转。”高注云：“钧，陶人作瓦器法，下旋转者。”《汉书·邹阳传》颜注，引《张晏传》云：“陶家名模下圆转者为钧。”（《周礼正义》，卷八十一）按《考工记》虽为后人补缀，而非《周礼》原书，然要在秦前遵旧典辑录，必有所本，管子为秦前之书，而《淮南子》则在汉初，其所云钧车法皆相同。可证钧车制陶法，历周至汉皆同，乃至于隋唐迄今，其制陶法亦莫不同也。至其钧车之制，《天工开物》记之甚详，特录如下，以备参考。

凡造杯盘器坯，先制陶车。车竖直木一根，埋三尺入土内，使之安稳，上高二尺许，上下列圆盘，盘沿以短竹棍，拨运旋转，盘顶正中，用檀木刻成盔头冒其上。凡造杯盘，无有定形模式，以两手捧泥盔冒之上，旋盘使转，按定泥底，就大指薄旋而上，即成一杯碗之形。……成坯后，微晒干入水一汶，漉上盔冒，过利刀二次，然后补整碎缺，就车上旋转打圈，圈后或画或书，再喷水数口，然后过釉。（《天工开物》卷中《陶埏》）

按《天工开物》虽为后人撰述，称引必有所本，今以校《考工记》及《管子》所记，

则钧者即上下所列之圆盘，以便旋转者，故《管子》称为运钧也。其用檀木刻成之
盔头，疑即《考工记》所述之膊，即张晏所述之模，随钧转以范器之大小高厚者也。
孙诒让谓膊为长方形之式以度器，使无斜，盖误会郑注树膊其侧之语。如作椭圆形物，
则长方式不适用也。

二、分工合作法

　　沟西出土陶器，与沟北尚有一不同之点，即沟北陶器如柄耳之类，皆在原器上
刻镂而成，例如桶状把杯皆然，其详已见说明书。若单耳瓶，其耳空较大，然亦就
原器反卷而成，惟第十八图圆底把杯，其把似另制配合，但不能以此一器推断全体
也。若沟西陶器，凡柄足之类，皆另工制就，合附一器，如三足盆类之足，其合附
之迹，甚为显然。若二一、二二两图四面之浮雕，皆另制就后，随意配上，均于《遗
物说明》内详记其事。如陶壶四六、四七两图，汤罂五〇、五一两图，肩腹所附之鼻，
皆就原器雕镂，此为例外。自大部分言，皆采分工合作之制。此种方法，与钧车运用，
有因果关系。盖柄足花纹之类，非钧车所能制，故必另制附上，此法迄今尤然，《天
工开物》记造罂瓮之法云：

　　　凡罂缶有耳嘴者，皆另为合上，以釉水涂黏……凡造敛口缸，旋成两截，接合处以
木椎内外打紧匝口，坛瓮亦两截接合，不便用椎，预于别窑烧成瓦圈，如金刚圈形、托印，
其内外以木椎打紧，土性自合。（卷中《陶埏》）

　　按此记为后世造瓷器之法，故合上后，再涂釉水。但当沟西期陶器，尚不知用釉，
故弥缝缺口，及接合处均用泥浆，再涂抹黑色浆液，以掩其迹。又坛瓮之两截接合法，
惟大器为然，余沟西出土之物，形器不大，无用两截之必要。但器之下部有用刀削
痕迹者，如瓮类，是以手工法补钧车制之不足也。